共学？いいえ、男女別学です！

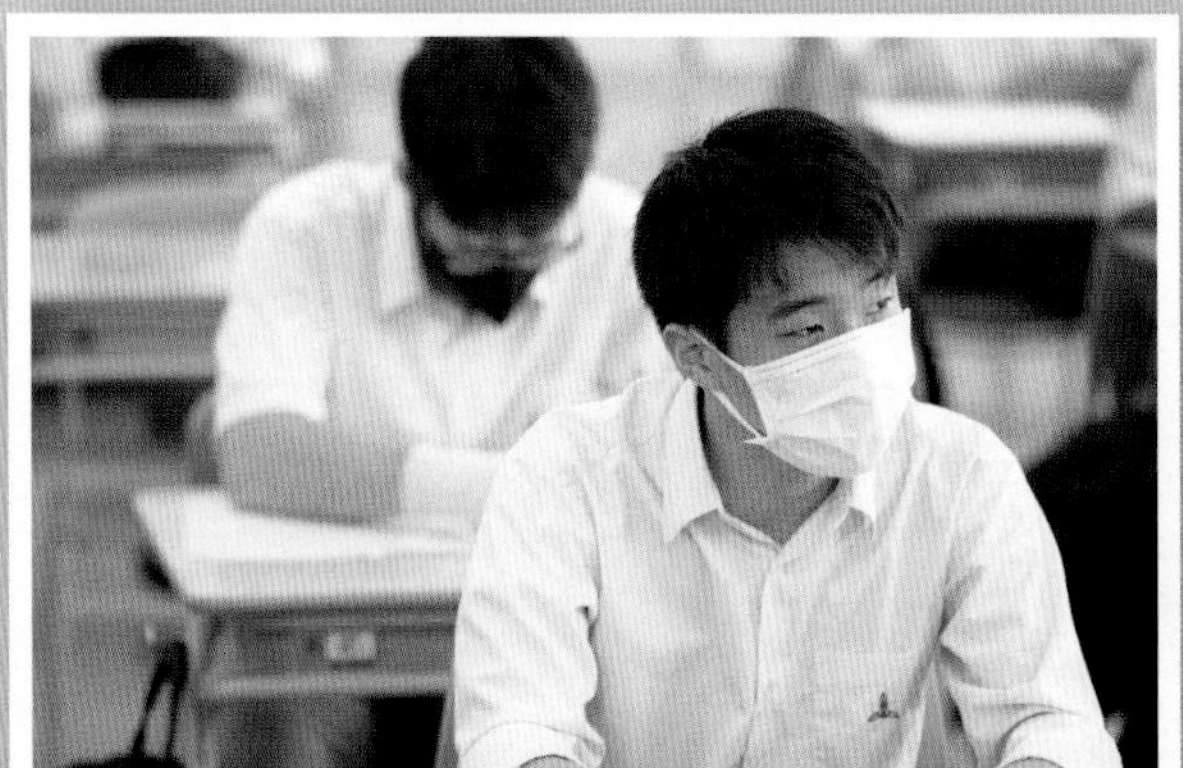

国学院大学久我山中学高等学校

〒168-0082 東京都杉並区久我山1-9-1
TEL.03-3334-1151

京王井の頭線「久我山駅」南口から徒歩12分

HP　instagram KOKUGAKUIN_KUGAYAMA_　LINEも始めました

CONTENTS

Success15

https://success.waseda-ac.net/

4

サクセス15
April 2024

11 新たな技術で変化する
農業の未来を考える

32 さあ始まった! 受験この1年

04 Special School Selection
慶應義塾高等学校
表紙:同校「校舎」

18 私立高校WATCHING
立教新座高等学校

22 公立高校WATCHING
東京都立新宿高等学校

26 ワクワクドキドキ　熱中部活動
二松学舎大学附属高等学校
書道部

Regulars

30 突撃スクールレポート
共立女子第二高等学校
36 受験生のための明日へのトビラ
38 スクペディア
上野学園高等学校
日本大学第三高等学校
40 知って得する
お役立ちアドバイス!
42 レッツトライ!　入試問題
54 帰国生が活躍する学校
茗溪学園高等学校
56 中学生の未来のために!
大学入試ここがポイント
58 東大入試突破への現代文の習慣
62 東京大学ってどんな大学?
64 みんな、読まないと!
東大生まなのあれこれ
66 キャンパスデイズ十人十色
70 Success Book Review
71 耳よりツブより情報とどきたて
72 マナビー先生の最先端科学ナビ
79 for中学生
らくらくプログラミング
80 なぜなに科学実験室
84 中学生のための経済学
86 中学生の味方になる子育て
楽しむ 伸びる 育つ
87 ピックアップニュース!
88 思わずだれかに話したくなる
名字の豆知識
90 13歳からはじめる読解レッスン
94 ミステリーハンターQの
タイムスリップ歴史塾
95 サクセス印のなるほどコラム
96 中学生でもわかる
高校数学のススメ
100 解いてすっきり
パズルでひといき

P71 掲載の白イチゴ

Special School Selection

神奈川県　横浜市　男子校

慶《けい》應《おう》義《ぎ》塾《じゅく》高等学校

「正統」と「異端」の力を培い将来の可能性を広げていく

教養を深める質の高い授業や「協育プログラム」など、多彩な学習体験を通じて「全社会の先導者」を育てる慶應義塾高等学校。それぞれが主体的に学ぶ姿勢を身につけ、未来への一歩を踏み出しています。

生徒の自然な成長を促す「日吉協育モデル」

慶應義塾高等学校（以下、慶應義塾高）は、１９４８年創立の慶應義塾第一高等学校、第二高等学校が統合してできた男子校です。福澤諭吉が示した「独立自尊」の考えをもとに、慶應義塾大学の一貫教育校として「全社会の先導者」となる人物を輩出し続けています。

２０１８年には、開設70年を記念して新たな教育目標「日吉協育モデル／正統と異端の協育」が定められました。「正統」は高校生として身につけておくべき知性や体力、モラルを表しており、「異端」は正統をふまえたうえで磨き高められる、傑出した個性や能力を示します。

阿久澤武史校長先生は「この目標は、１本の木を想像していただくとわかりやすいと思います。正統とは太い幹や、地中に広がる根といえます。対して異端は、そこから生み出される花や果実です。

では協育とはなにかというと、学校に関係するすべての人が協力しながら、全社会の先導者となる人物を育てていこうという、我々の意思や取り組みを表しています。生徒には物事を自分で考えて行動

阿久澤《あくざわ》 武史《たけし》　校長先生

School data

所在地：神奈川県横浜市港北区日吉4-1-2
アクセス：東急東横線・東急目黒線・東急新横浜線・横浜市営地下鉄グリーンライン「日吉駅」徒歩５分
生徒数：男子のみ2180名
ＴＥＬ：045-566-1381
ＵＲＬ：https://www.hs.keio.ac.jp/

- ３学期制
- 週５日
- 月・火・水・金６時限、木７時限
- 50分授業
- １学年18クラス
- １クラス約40人

できる人になってほしいという思いがありますので、手取り足取りの指導には非常に慎重です。大人になっていく彼らの成長を邪魔しないようにすることで、自然と芽吹いてくる花芽を大切にしたいと感じています。日々の授業や課外活動、様々な学習プログラムを養分として、立派な大樹に育っていってほしいです」と説明されます。

『塾高ガイド』を手引きに 自律して歩みを進める

自由でおおらかな校風を持つという慶應義塾高。自らの意思で多様な挑戦ができる一方、言動を律する姿勢を身につけることも求められます。

その手引きとなるのが、入学時に配られる『塾高ガイド』です。ここには慶應義塾創設の歴史をはじめ、高校生活の心得やカリキュラムなどが書かれています。

「『塾高ガイド』は、いわば3年間の航海で使う羅針盤といえます。長い旅路においては、ときに緊張感を失って、自由であるがゆえの落とし穴にはまることもあるでしょう。そんなときに手に取ってほしいのが、この冊子です。自分が身をおく慶應義塾高について理解を深めることで、本校で勉強する意義や、めざそうとする将来の姿を思い出し、次なる一歩を踏み出す助けとなるはずです。

私は生徒に『浅き川も深く渡れ』と伝えています。この言葉は『塾高ガイド』にメッセージとして記しました。どんなに浅く見える川も安易にとらえるのではなく、目の前の状況に向きあいきちんと考えたうえで、慎重に渡ろうとする心がまえを持つことが大切です」（阿久澤校長先生）

教養を深める授業を通じて 学問の本質に触れる

カリキュラムにおいては、すべての生徒が分野を問わず、バランスよく知識を習得することが大切にされています。授業を通じて多角的なものの見方を身につけ、正

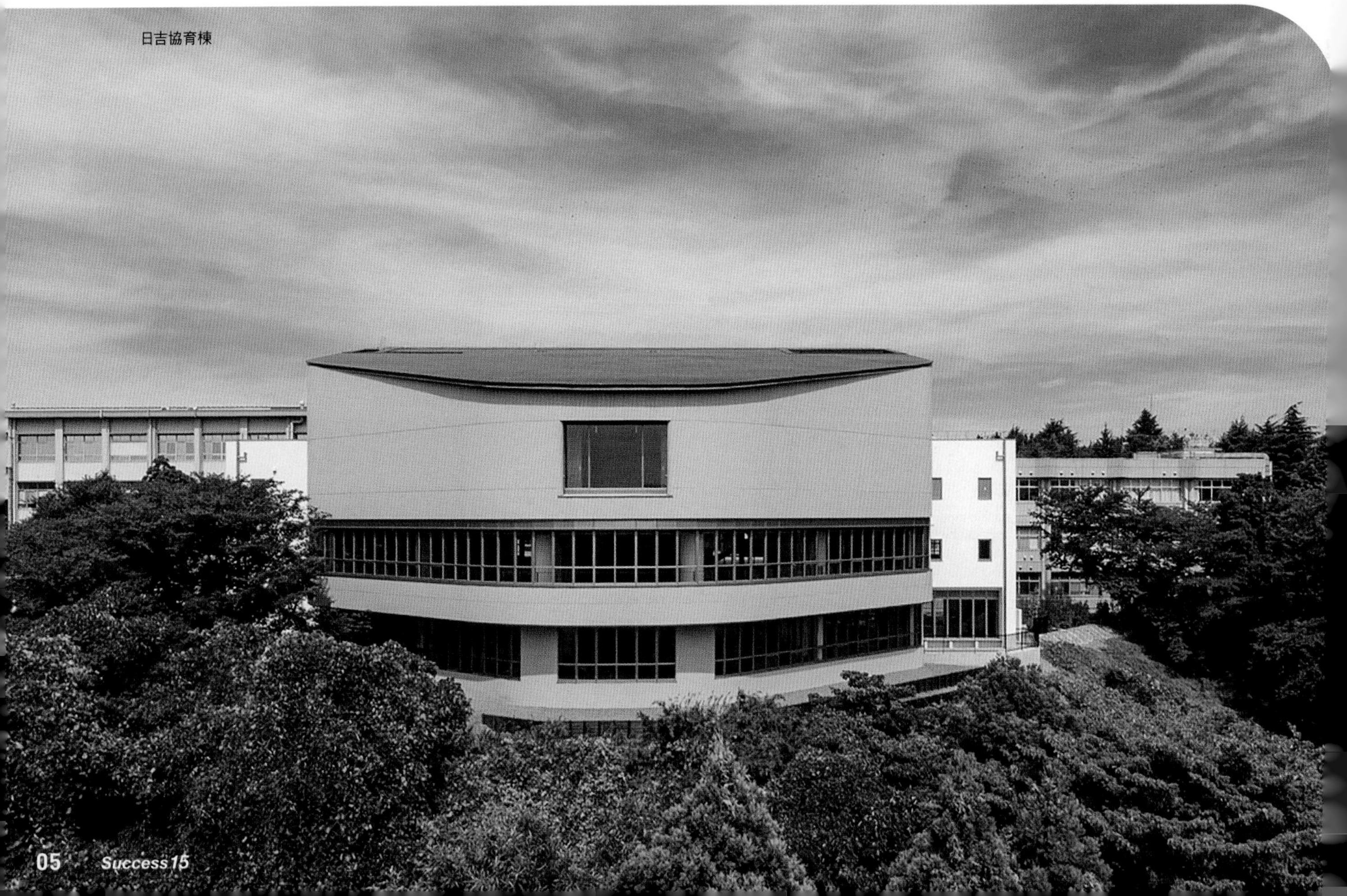

日吉協育棟

統の幹を太くしていくのです。高1、高2の間は必修科目を中心に学び、高3ではそれまでに養った豊富な知識を土台にして、自分の興味関心や志望進路に応じて探究を深める「選択科目」もスタートします。

また同校は、ほぼ全員の生徒が慶應義塾大学に推薦で進学するため、受験がないことで生まれる時間のゆとりを活かし、それぞれの授業で教養主義の伝統を受け継いだ多様な学習に取り組める点も魅力です。

2022年の高3「地学基礎」では、その成果がまさしく現れたといえる出来事がありました。教室で岩石を割り、化石採集をする授業を行った際に、生徒が割ったものから1匹の昆虫の化石が見つかりました。一貫教育校の教員同士で連携し調査をしたところ、それがセンチコガネという昆虫の仲間の、約30万年前の絶滅種であることが判明したのです。

授業中に生徒によって新種の化石が発見されたという事例は世界でも珍しいことで、この昆虫には発見した生徒の名字を由来とする名前がつけられました。

「化石が見つかったことだけに満足するのではなく、特異さを教員が見逃さず、専門家へとつなげていけたことに大変な意義があったと感じます。今後も生徒がワクワクできるような、学問の本質に触れられる授業を行うことを大事にしていきたいです」(阿久澤校長先生)

こうして培ってきた知識の集大成として、高3では約50の講座から自分の関心のあるものを選び、論文執筆を行う「卒業研究」に取り組みます。問いの立て方や資料の探し方、プレゼンテーションの方法などを覚えていき、大学での研究につながる力を養います。

言語のおもしろさを突き詰め 海外留学にもチャレンジ

国際交流も盛んな同校。高2では選択必修科目として第2外国語が設定されており、ドイツ語、フランス語、中国語から1言語を選んで勉強できます。英語に苦手意識を持つ生徒が、第2外国語を通じて言語のおもしろさに気づき、ほかの教科の勉強にも語学の知識を活かして取り組むなど、新たな学びの楽しさが生まれるきっかけにもなっているそうです。

施設

13万冊の蔵書を誇る図書館をはじめ、トレーニングルームやビブリオラウンジなど、多様な学びを支える施設が充実しています。

トレーニングルーム

ビブリオラウンジ

図書室・自習スペース

図書室

日吉協育ホール

国際交流

日ごろから外国語に触れられる機会を豊富に用意。留学では語学だけでなく、現地の文化についても理解を深めます。

また、学校が支援する留学については、滞在期間別に3つのプログラムが用意されています。

長期派遣は、慶應義塾大学が主催する「一貫教育校派遣留学制度」に応募することでアメリカやイギリスのボーディングスクール（寄宿制学校）に1年間留学できます。中期派遣には慶應義塾高の独自プログラムが設けられており、高2の3月から5カ月間イギリスに滞在し、クライストカレッジ・ブレコンで勉強します。また短期派遣はコロナ禍を経て、アメリカのザ・ボールズ・スクールへの2週間の留学プログラムが再開されました。さらに、同校が独自で行う長期派遣プログラムの開始も計画されています。

これらの留学には、同校や慶應義塾大学から奨学金が支給されます。また、長期派遣も中期派遣も、帰国後に学年を落とすことなく進級できる点も魅力です。

さて、留学先で充実した成果を得るには、日ごろから語学力を磨いておく必要があります。その下支えをしているのが、校内留学ともいえる「TAプログラム」です。慶應義塾大学に来ている外国人留学生が個々にブースを作り、スピーキングの練習をしてくれたり、レポートの指導や、留学の相談に乗ってくれたりします。

ブースは昼休みと放課後に作られるので、日々の学校生活のなかで気軽に実践的な語学力を身につけられるというメリットがあります。そして、英語以外を母語とする学生も加わっていることから、多様な言語への理解を深めることも可能です。留学生との友情を育む貴重な機会にもなっており、生徒の積極的な参加がめだっているのだといいます。

TAプログラム

中期派遣留学（クライストカレッジ・ブレコン）

スケールの大きな学びを「協育プログラム」で実践

興味関心を刺激するだけでなく、進路やキャリアを発見するきっかけの1つとして「協育プログラム」の取り組みも行われています。

これは放課後や長期休業期間、選択科目の時間に実施される講座や企画で、慶應義塾高が主催する「学校講演会」をはじめ、学内外を問わず様々な人や機関と連携して開催されます。先ほどの留学プログラムやTAプログラムも、この協育プログラムの一環です。

そのほかの取り組みをご紹介すると、「ウクライナ和平をどう考えるか」（学校講演会）、「教養の一貫教育」「日吉学」（学部、大学院、研究センターとの連携講座）、「OB個別コーチング企画」「〝公認会計士〟入門講座」（同窓会の協力による講座）、「マーケティング実践講座」（法人との連携講座）、「塾高にもっとアートを」（生徒によるコンサート）と、内容は多岐にわたります。

このうち、マーケティング実践講座では卒業研究の一環として、実在する栄養ドリンクのオリジナルパッケージを制作し、日吉祭（文化祭）で販売しました。また夏季休業中のインターンシッププログラムでは、インターネット関連企業や、地域に根づいた食品販売店などで実際の業務に携わることもできます。社内に外国籍の人が多くいる環境を体験したり、訪日客への接客をしたりするなかで、多様性に対する理解を深められるのも特徴です。

　さらに、大学の学びを先取りできるものもあります。慶應義塾大学理工学部が主催する「ジュニア研究プログラム（ＪＲＥＰ）」では、理工学部の研究室にジュニアリサーチャー、ジュニアアシスタントとして所属します。最先端の研究にかかわりながら、実験やデータ収集などの研究手法を学んでいくことが可能です。

「本校は全校生徒が２０００人を超える大規模校で、それぞれの進路で活躍する多くの卒業生がいます。彼らの力を借りながら、スケールの大きな体験をできるよさがあると感じています。協育プログラムを通して将来の夢が具体的になり、在学中に公認会計士の試験や司法試験を受けて合格を果たす生徒もいるんですよ。実際にその

協育プログラム

知的好奇心を刺激するプログラムの数々。大学教授や第一線で活躍する人に話を聞き、見識を深めることはもちろん、学外での様々な経験も生徒の糧になっています。

インターンシッププログラム

マーケティング実践講座

"公認会計士" 入門講座

学校講演会（ウクライナ和平をどう考えるか）

日吉学（大学生とグループワーク）

塾高にもっとアートを（ピアノコンサート）

塾高にもっとアートを（沖縄サンシンライブ）

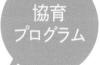

分野の最前線で働く人の話を聞いたり、ともに活動をしたりすることで新たな自分と出会い、異端の能力を開花させてくれたら嬉しいです」（阿久澤校長先生）

学校関係者が一体となり「協育」を形作っていく

協育プログラム以外にも、進路選択のサポートに関しては、卒業生や各学部の学部長を招いて話を聞く「学部説明会」などが実施されています。また同校の部活動は大学生を交えて練習するものもあり、日常生活の色々な場面で「大学」を意識する瞬間が訪れます。こうした大学生から受けるよい影響は、生徒の背伸びの気持ちを刺激して、さらなる「独立」の姿勢を育むことにもつながっていくのです。

様々な学習プログラムを通じて正統と異端の力を伸ばし、全社会の先導者として魅力ある人物を育てる慶應義塾高。最後に阿久澤校長先生は「昨年の夏の甲子園では、勉強や部活動に忙しいなかで、多くの生徒が応援に参加しました。同窓生も駆けつけて、みんなで肩を組んで応援歌を歌い、結果的に優勝まですることができました。私はあの雰囲気こそ、慶應義塾高ならではのものだと思うのです。目標達成のためにそれぞれが力を発揮し、汗を流して頑張る生徒たち。そしてその頑張りを近くで見守り、熱い声援を送る教員や卒業生、大学関係者の方々。本校に入学した際は、ぜひみなさんもいっしょに肩を組み、慶應義塾の応援歌である『若き血』を歌ってほしいと思います。

受験にあたっては、どうして慶應義塾高を選ぶのか、なんのために慶應義塾高で学ぶのかということを、まずはしっかり考えていただきたいです。他校とも検討したうえで『やっぱりここで学びたい』という、強い思いを持つ受験生の方をお待ちしています」とメッセージをくださいました。

行事・部活動

学校行事では運営委員を生徒が務め、2000人以上の集団を動かすマネジメント力も鍛えます。部活動にも熱心に取り組み、多くの優秀な成績を収めています。

夏の甲子園での応援

運動会

アメリカンフットボール部

球技大会

フォトフレンズ

日吉祭の看板

■2023年３月　慶應義塾大学推薦状況

学部	進学者数	学部	進学者数
文学部	15	理工学部	102
経済学部タイプA	136	総合政策学部	16
経済学部タイプB	69	環境情報学部	20
経済学部PEARL	5	看護医療学部	0
法学部法律学科	112	薬学部薬学科	5
法学部政治学科	112	薬学部薬科学科	3
商学部	93	その他の進路選択者	13
医学部	22		

写真提供：慶應義塾高等学校　※写真は過年度のものを含みます。

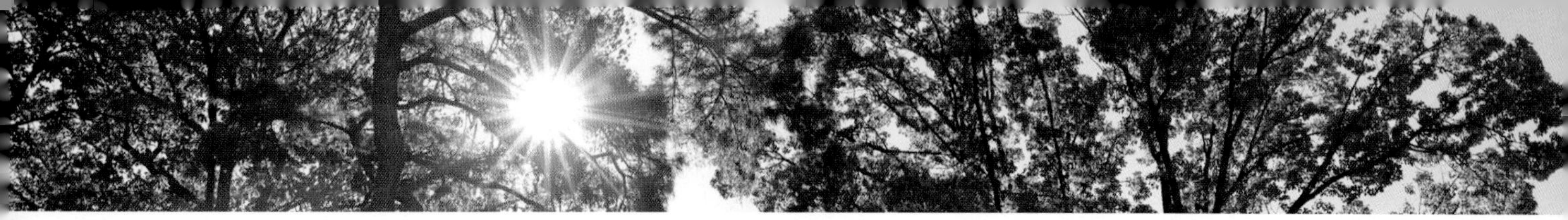

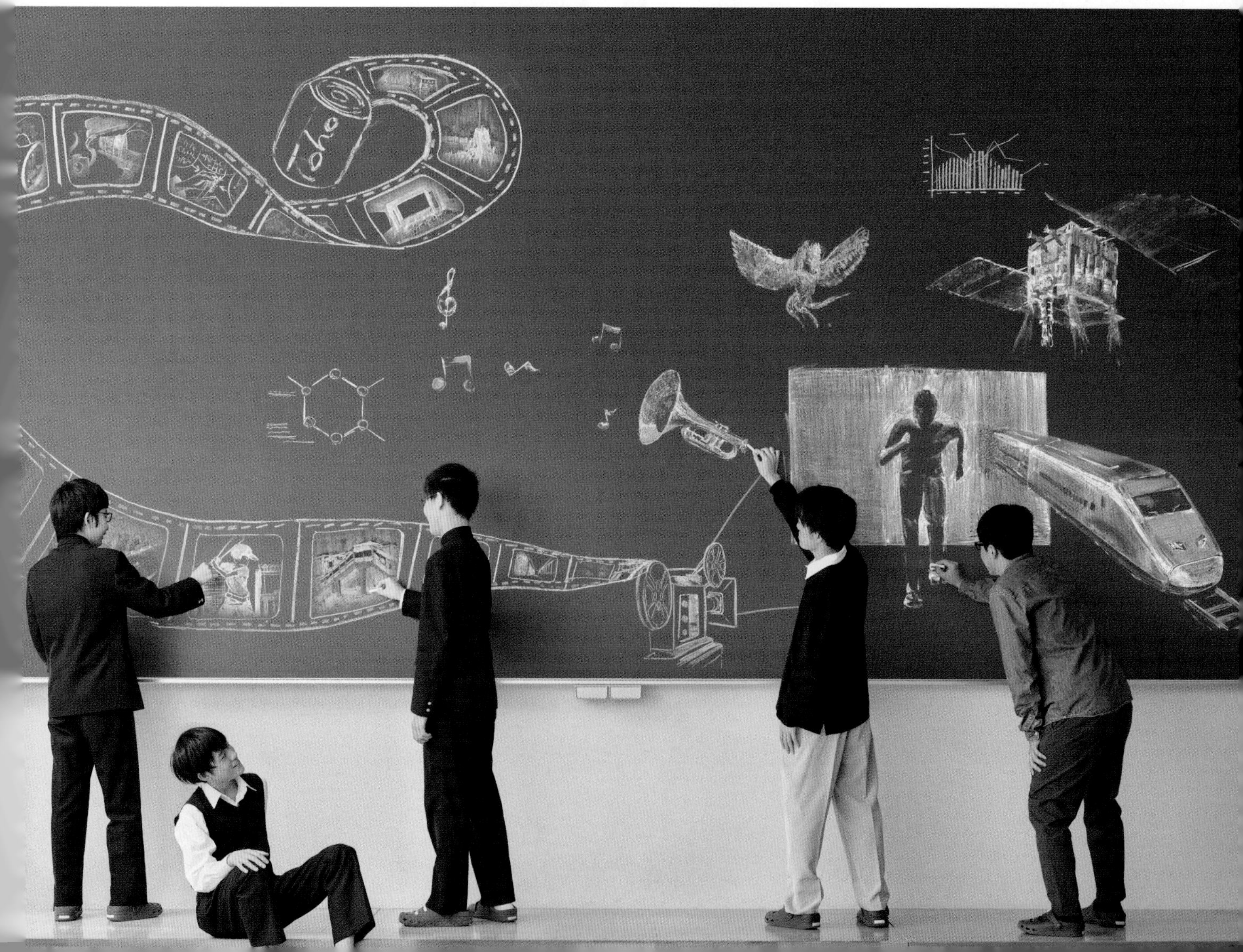

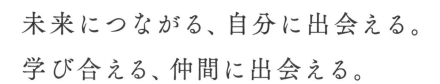

新たな技術で変化する

農業の未来を考える

田んぼや畑で農家の方々が作業をする。そんな昔ながらの光景のなかで、いまロボットやAI（人工知能）が活躍しています。じつは日本の農業は大きな課題に直面しており、それを解決するために、先端技術は欠かせないものとなってきているのです。その実態について、国立研究開発法人農業・食品産業技術総合研究機構の方々にお話をうかがいました。

画像提供：国立研究開発法人農業・食品産業技術総合研究機構

1965年に市販化された「人力１条田植機：農研号TM１-４型」は手植えの５倍の能力を誇りました。

意外と身近!?
農研機構

国の研究機関である農研機構。明治から現代まで農業の分野で大きな役割を果たしてきました。さてどんな研究機関なのでしょうか。

日本の農業や食品産業に貢献

私たちが日々口にしているコメや野菜、果物。これらは農家の方々が丹精込めて作ったものです。そんな農家の方々に寄り添い、農業と食品の研究を行う機関があることを、みなさんはご存知でしょうか。茨城県つくば市に本部をおく、国立研究開発法人農業・食品産業技術総合研究機構（以下、農研機構）です。

農研機構は１８９３年に設立された農事試験場を起源としています。１３０年という長い歴史のなかで、農事試験場の専門機関への分化や、新たな研究機関の創設があり、それらが統合され２０１６年に現在の農研機構となり歩み始めました。

総括執行役であり広報部長の田中康治さんは「全国に22の研究所を配置し、常勤職員は３２５０人ほどいます。農学の研究者だけでなく、工学や理学、そして外国籍の研究者もおり、色々な方向から、日本の農業、食品産業の発展に寄与する研究を進めています」と説明されます。

「そんな研究所があったなんて」と思った方もいるかもしれません。ただそうしたみなさんでも、ふじ（リンゴ）や幸水《こうすい》（ナシ）、べにはるか（サツマイモ）の名前は知っていて、食べたこともあるのではないですか。じつはこれらは農研機構が品種改良によって作り出したものです。

さらに日本人の主食であるコメを作るために、多くの田んぼで活躍している田植機《たうえき》も、農研機構発案の「人力1条田植機：農研号ＴＭ１−４型」が、その市販第1号だといわれています（諸説あり）。田植機は手押しのものから始まり、人が乗るもの（乗用）へと変化し、近年は自動運転も出現するなど進化を続けています。ここでも農研機構の研究が大きな貢献を果たしているのです。

このように聞くと、農研機構は私たちの暮らしに深くかかわる、身近な研究機関だと感じてきませんか。

総括執行役／広報部長
田中《たなか》 康治《こうじ》 さん

農研機構
ダイバーシティ推進
キャラクター
おむすびなろりん

農機研式高速乗用田植機。1986年、一般に販売されました。当時すでに乗用型はありましたが、速度を上げても振動が抑えられる画期的な機構を発明し、約２倍の速さで植えつけられるようになりました。

これまでに様々な品種を生み出してきた農研機構。リンゴやナシとひと口にいっても、品種によってその味は様々。焼き芋も、ねっとりやほくほくなど違いを楽しめる時代。これも品種改良のおかげです。

知ってほしい

日本の農業のいま

日本の農作物、そして農業の「いま」を知り、それを守るためには、どのようなアクションが必要なのかを考えてみましょう。

農研機構が保有するスーパーコンピューター「紫峰」。つくば市にある「筑波山」の別名が由来です。

スマート農業への期待

日本の農作物が持つ特徴の1つに多様さがあげられます。イチゴを例にとってみると、世界全体の品種の半分以上が日本のものという説もあるほどです。

田中さんは「日本人は食にこだわる民族といえるかもしれませんね。記録によると江戸時代から旅行が盛んで、旅先で出会ったイネなど農作物のタネを持ち帰り育てることもあったようです。そして技術が進むと品種改良に力を入れるようになりました。またそれらの農作物が『高品質』であることも、日本の誇れる部分だと思います。新たな品種を作る際も、『味』は大切な要素として考えられています」と話されます。

このように多様さとおいしさを生み出してきた日本の農業ですが、いま大きな課題を抱えています。

その1つが農業に従事する人が高齢化、減少していることです。実際の数値をみると、その危機的状況が浮き彫りになります。

2023年の基幹的農業従事者※1は約116万人で、その8割ほどが60歳以上です。平均年齢でみてみると、なんと68・4歳（2022年）。人生100年時代とはいえ、平均年齢68・4歳は高いといわざるをえません。農業への新規参入者が増えなければ、今後20年で基幹的農業従事者は約30万人に減少するとの予測も出されています。

日本の食料自給率は38%（2022年度）と世界でも低い水準です。そのうえ農業従事者が減ってしまうと、いまの水準を維持することさえ難しくなってしまうでしょう。

現在は、食料自給率の低さを海外からの輸入で補っていますが、今後世界全体の人口増加が進めば、輸入もスムーズにいかない可能性が出てきます。

「農業従事者の減少に対応するための策として、スマート農業があります。具体的にはロボットトラクターや自動運転田植機などを使って、人間の作業負担の削減『省力化』を図ることです。また、高齢化が進んでいるということは、熟練者のノウハウが失われる可能性もあり、技術の継承の対策も行わなければなりません」（田中さん）

環境に配慮し持続性も実現

加えて、環境負荷の低減や将来への持続性も課題です。

「近代農業では肥料や農薬を大量投入して生産量を上げてきました。これでは環境に大きな負荷がかかるので、土壌分析を行い、畑の必要な部分に必要な分だけ肥料を撒いたり、害虫の飛行位置を予測してレーザーで駆逐し農薬を減らしたりといった研究も進められています。

さらに、持続的な農業を実現するためには、気候変動を見据えた品種改良なども実施しなければならないでしょう。農研機構では、品種改良をするための遺伝資源の保存、供給を行う事業『農業生物資源ジーンバンク（以下、ジーンバンク）』にも取り組んでいます」と田中さん。

農業の未来のために、課題に立ち向かう農研機構。そこで欠かせないのが、農業現場で活用できるAI（人工知能）を開発するスーパーコンピューター「紫峰《しほう》」です。品種改良に必要な膨大な量のゲノムデータ※2をはじめ、多様なデータが蓄積されており、気象予測や害虫の識別、衛星やドローンの画像解析など様々な場面で活用されています。

このことからもわかるように、農業の世界は近年、大きく変化しているのです。

※1 15歳以上の世帯員のうち、普段仕事としておもに自営農業に従事している人。なお雇用者は含まない。 ※2 DNAのすべての遺伝情報

海外で現地の協力を得て収集を行う農研機構の方々。近年ではベトナムやカンボジアなどを訪れました。

未来につながる
ジーンバンク

世界各地にある固有の遺伝資源が失われてしまう前に、収集・保存を行う「ジーンバンク」。世代を越えて、世界に貢献する事業です。

遺伝資源研究センター
ジーンバンク事業技術室長
江花《えばな》 薫子《かをる》 さん

必要なときに必要なものを

1985年に始まった事業「ジーンバンク」。文字通り「遺伝子（ジーン）」の「銀行（バンク）」です。植物のタネをはじめ、微生物や動物の遺伝資源が数多く集められています。遺伝資源研究センター・ジーンバンク事業技術室長の江花薫子さんによると、植物のタネだけで23万種も保管されているとのこと。

　では、なぜこうした事業を行うのか尋ねると「遺伝資源は人類共通の財産」だからだといいます。より優れた品種を作ろうとしても、元となる遺伝資源がなければ、新たな品種が誕生することはありえません。一度失われたものは二度と手に入らないのです。どの遺伝資源がいつ役立つかわからなくとも、必要とされたときに確実に提供する、それがジーンバンクのめざすところです。

「一見同じようなものでも、遺伝子レベルで調べると、新種の病気に強い、高温の環境でも耐えうるなど、異なる特徴が判明することも少なくありません。技術の進歩や時代によってニーズは変化します。ですから、少しだけ異なるものもすべて保存することが重要だと考えています」（江花さん）

　ただ、難しい側面もあるそうで、遺伝資源は原産国の権利を尊重すべきとの考えから、収集時は原産国との丁寧な交渉を心がけています。そうした壁を乗り越えながら、農研機構は毎年その種類を増やしています。

タネは水分を抜くために乾燥させ、そのうえでカビが生えていないかどうかなどを人の目でチェックします。

ボトルに入れ、品種等を記載したバーコードを貼りつけ、マイナス1℃、湿度30%の環境で保存します。出し入れはすべてコンピューターで制御。定期的に発芽試験を行うことで、その状態をチェックしており、なかには130年後も発芽できると考えられているものも。年に1万件ほど提供依頼が届き、その1割は海外からだそう。

提供用とは別に、密封した缶に入れてマイナス18℃でも保管します。元のままの状態を保つ、よりよい方策だといいます。

ジーンバンクでは、動物の遺伝資源も収集。これらは液体窒素の入ったマイナス196℃のタンクに入れられています。

よりよいものを
品種改良

たくさんの品種のなかから、好みに沿って選べる。そんな毎日の「食」を実現できるのも、苦労が多い品種改良に挑む方々がいるからこそです。

実際に育てた苗からDNAを抽出。DNAの解析は、品種改良に欠かせない作業の1つです。

長い年月をかけ多くの人がかかわる

この世に新たなものを生み出す品種改良。いったいどのように行われているのでしょう。

例えば優れた品種ではあるものの、特定の病気に弱いAと、その病気に耐性を持つけれどもほかに特出した性質がないB。この2つを交配させ育てると、AとBの遺伝子を受け継ぐ子どもたち、C、D、E……が生まれます。これらは兄弟という関係ですが、人と同じで、似てはいてもそれぞれに異なります。もしCにいい特徴が現れていれば、今度はCとほかのものを交配させ育てる……この繰り返しによって優れた品種を作り出していくのです。

「交配後は、1万個体など膨大な量を栽培し、よりよいものを探していきます。難しい作業ですが、近年はDNA解析で変異を探る『スマート育種』の技術も発達して、交配後の特性が予想しやすくなりました」（江花さん）

ただ交配がうまくいったとしても、新たな品種として登録されるためには、複数年栽培して確実にいい性質を持つことを確認しなければならない、商品として流通可能な量のタネを用意しなければならないなど、多くのハードルが待っています。長い年月取り組んだものの、ときにはライバルの品種が現れて、日の目を見ないこともあるのだそう……。

「品種改良には10数年かかることがつねなので、数えきれないほどの人がかかわります。味にもこだわりますから、実際に食べて判断する食味試験も行い、おいしいものを選びます」と江花さん。

私たちのもとに届く新たな品種には、多くの人の努力がつぎ込まれていることがわかります。

毎年数千〜1万個体、複数年をかけて栽培を続けるのは大変なことです。さらに、その膨大な数から、求めるものを選抜しなければなりません。「スマート育種」の登場により、これまで10年以上かかっていた栽培の期間が、7〜8年に短縮されているそうで、現場の方々の労力削減につながっています。

2004年にイネゲノムの完全解読に成功した農研機構。そんな農研機構によって、コメの品種改良も進められています。こちらは、高温耐性を持ち収穫量も多い、そして味もおいしい「にじのきらめき」という品種です。

「食感がよく、マスカットの香りがあり日持ちがする、さらに大粒で種なし栽培ができるブドウを」。そんな思いで生まれたシャインマスカット。33年の年月をかけ農研機構によって生み出されました。

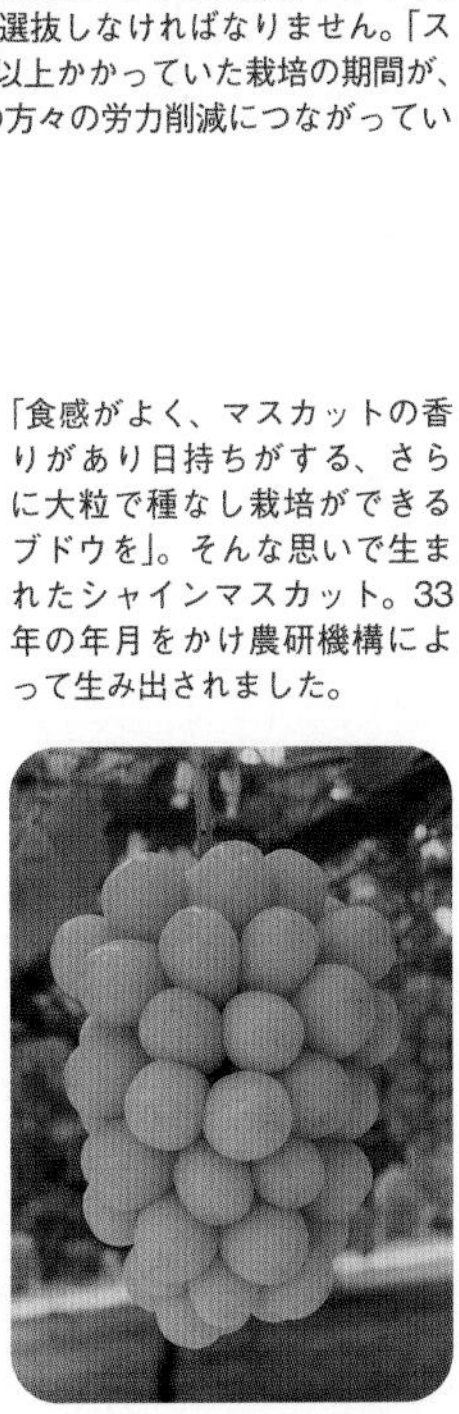

マルチロボットシステム

複数台のロボットトラクターを、離れた場所から監視して稼働させるシステムの開発研究も行われています。1人が複数台を運用することで生産性を飛躍的に向上させることができます。

スマート農業

農業従事者の高齢化と減少に対抗するのに有効なスマート農業。さて、どんな未来をもたらしてくれるのでしょうか。

自動運転田植機

農研機構の特許技術が搭載された自動運転田植機は、2022年に市販化されました。最初と最後の行程は人が実施するものの、それ以外は無人運転が可能。苗を補給する1名だけで田植えができることから、省力化を実現。また、列をそろえて植えるのは経験が浅い人にとっては難しいため、ロボットが代替してくれるのは大きな効果があるのだそう。一定の間隔で真っすぐに並んでいると、刈り取りもしやすく、全体の作業効率もアップします。

自動運転田植機の作業手順

❶ 手動で外周を植付	❷ 自動で1往復を植付	❸ ❷を繰り返す	❹ 自動で対辺に沿って植付	❺ 自動で内側の周り行程を植付	❻ 手動で手前を植えて終了
作業開始　降車	最後の3mはリモコンのボタンで前進	必要に応じて自動で条止めまたは空走行			作業終了　乗車

農道（苗補給側）

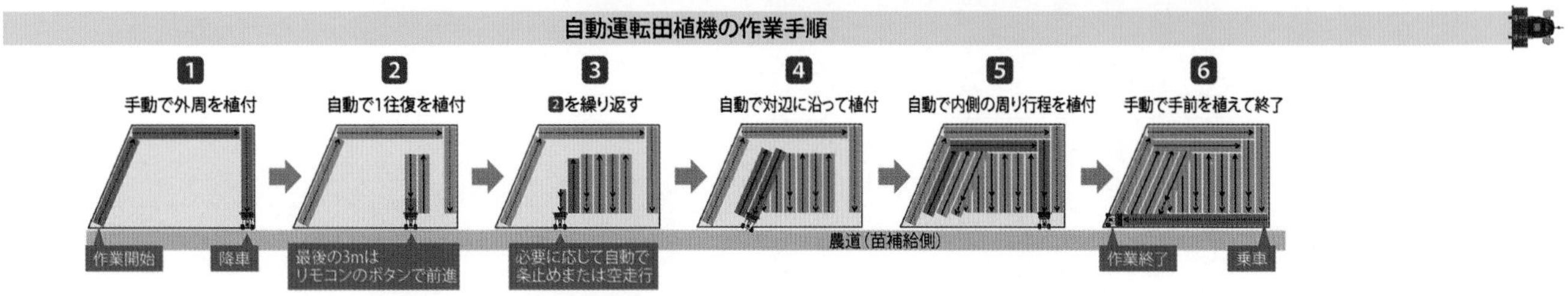

技術の改良に加え
栽培方法なども検討

スマート農業は「ロボット、AI、IoTなど先端技術を活用する農業」と定義され、「作業の自動化」「情報共有の簡易化」「データの活用」が期待されています。

みどり戦略・スマート農業管理役の川嶋浩樹さんは「大切なのは現場の声を聞くことです。課題を把握し、研究者や機械メーカーが協力して技術を開発します。そして実証試験で農家の方々に効果を実感してもらい、コスト面でも意義を感じてもらわねばなりません」と話されます。

ただ、その過程ではスマート農業ならではの問題が出てくることも。ロボットが作業をするためのスペースを確保しなければならない、採取する果実が葉で隠れているとセンサーが認識できない……などなど。

「こうした問題をクリアするためには、AIの活用など技術面の改良

みどり戦略・スマート農業推進室
みどり戦略・スマート農業管理役
川嶋 浩樹 さん
（かわしま ひろき）

中学生のみなさんへ メッセージ

田中 康治 さん

スマート農業に代表されるように、農業は多様な能力やアイデアが活かされる分野に変化しています。そんな新しい農業の姿に、中学生のみなさまが関心を寄せてくれたらとても嬉しいです。

江花 薫子 さん

ジーンバンクは、世界に、未来につながる事業です。ぜひ中学生のみなさんにも、「どうしたら世界中の人々が幸せになれる未来を作れるのか」について考える時間を持ってほしいです。

川嶋 浩樹 さん

技術の導入には苦労がありますが、同じ目標に向かって頑張った農家の方に「導入してよかった」と言ってもらえると、涙が出るほど嬉しいものですよ。若い方々のチャレンジに期待しています。

収穫可能なイチゴを見つけると、切り取るポイントを定めて自動で収穫するイチゴ収穫ロボット。果皮が傷つかないよう、茎の部分をつかむなど、その仕事ぶりは丁寧です。人と比べると時間はかかりますが、夜中もずっと作業を続けることができるので、人との分担で収穫作業が進みます。

すべてが人からロボットに置き換わるのではなく、人の作業を補助するロボットも大切な存在。畑のなかで作業する人のあとをついてきて、作物を運んでくれます。

はもちろん、新たな品種や栽培方法の面からも試行錯誤することが求められます。ロボットが触っても傷つきにくい皮を持つ品種や、木の一定の部位に果実が実るような品種を作るといった形です」（川嶋さん）

加えて熟練者のノウハウをデータ化することも進められています。これらのデータをAIに学習させ、だれでも使えるよう平準化すれば、経験年数に左右されることなく、みんなが効率的に作業することが可能になります。

スマート農業は、現在農業に従事している方々の負担を減らすとともに、未経験でも農業に参入しやすく、どんな人も熟練者のような技術を持てる仕組みを作る、そんな未来をめざしています。

食と農の科学館

農業や農研機構の研究に興味を持った方は、農研機構の「食と農の科学館」を訪れてみてはいかがでしょう。実物展示もあり、楽しみながら学べる施設です。

所在地：茨城県つくば市観音台３-１-１
アクセス：つくばエクスプレス「みどりの駅」「つくば駅」、JR常磐線「牛久駅」バス
開館時間：平日９：00〜16：00

※本コーナーに記載されている商品名は、農研機構の商標または登録商標です

私立高校 WATCHING

埼玉 新座市 男子校

立教新座高等学校《りっきょうにいざ》

幅広い選択肢から選び 自分で学校生活を作る

生徒１人ひとりの興味関心を重んじた教育が行われている立教新座高等学校。数多く用意されたプログラムで、生徒の夢をサポートしています。

佐藤《さとう》 忠博《ただひろ》 校長先生

所在地：埼玉県新座市北野1-2-25　アクセス：東武東上線「志木駅」徒歩15分またはスクールバス、JR武蔵野線「新座駅」徒歩25分またはスクールバス　生徒数：男子のみ980名　TEL：048-471-2323
URL：https://niiza.rikkyo.ac.jp/

⇒３学期制 ⇒週６日制 ⇒月～金６時限、土曜４時限 ⇒50分授業 ⇒1学年8クラス ⇒1クラス40名

「相手を受け入れる」キリスト教の精神

　立教新座高等学校（以下、立教新座）は、アメリカ聖公会の宣教師チャニング・ムーア・ウィリアムズによって設立された私塾「立教学校」（現・立教学院）に由来するミッションスクールです。正門を入ってすぐ奥に見える曲線を描いた建物は、「立教学院聖パウロ礼拝堂」。週に1回の礼拝や、クリスマス礼拝などはこの礼拝堂で行われ、建学の精神である「キリスト教に基づく人間教育」のシンボルにもなっています。

　立教新座の校風について佐藤忠博校長先生にうかがうと、「生徒のありのままを受け入れ、寄り添いながら横を歩くような教育をしている学校です」と話してくださいました。

「『キリスト教に基づいた人間教育』という言葉から、戒律のもと厳格に生徒を指導する様子をイメージされる方もいますが、そうではありません。むしろ人のいいところも悪いところも認め、尊重しあうのがキリスト教の考え方なのです。本校には様々な生徒が集い、日々、多様な関係性を紡いでいますが、それらが共存しながらも、『それぞれにとって心地のよい空間』を生み出しているのは、このキリスト教の精神が学校全体に浸透しているからだと思います」（佐藤校長先生）

　この「相手を受け入れる」校風のなかで、生徒は教員の温かいまなざしを受け止めながら、友人とともに学び成長し、充実した学校生活を送っています。

美しい曲線を描いた「立教学院聖パウロ礼拝堂」

教員のサポートのもと自分の道を突き進む

　立教新座には附属中学校から進級してきた中入生と、ほかの中学校から入学してきた高入生がおり、高1の段階から両者が混合となってクラスが編成されます。3年間で一定基準以上の成績を満たせば、立教大学に推薦進学できるのは大きな魅力です。なおかつ、高2からは他大学の受験を希望する生徒に向けた「他大学進学クラス」も設けられています。同クラスでは大学受験を前提とした授業が行われ、生徒は基礎から発展までの学力を磨き上げます。

「他大学進学クラスは、高2・高3の2年間所属します。もし途中で希望進路が変わり、立教大学を希望することになった場合でも、卒業までクラスでの勉強には真剣に取り組むよう、声かけをしています。

　進路選択としては少し早い時期での決断になりますが、自分で決めたことは最後まできっちりやり遂げてほしい。本校のそんな思いがこの制度には表れています」（佐藤校長先生）

　進路選択のほかにも、様々な場面で生徒自らが選び、実行する姿勢が重視されている立教新座。その代表例といえるのが、豊富な選択科目です。高1・高2では必修科目の芸術科・社会科・理科・体育科で教科内選択が設けられ、高3ではこれらに加えて、約90もの講座から履修できる自由選択科目が用意されています。

　自由選択科目は月曜から金曜の1、2時間目（計100分）に行われ、最大5つの講座が受講可能。「受験国語」「英検2級受験対策」といった大学受験や検定試験の対策のほか、「英語で考える生命科学基礎」「スポーツ方法論」など大学レベルの専門的な内容のもの、「アラビア語」や「イタリア語」等の外国語……とジャンルは様々です。

「講座数が多いので、なかには『用

意はしたけれど、受講希望者がいなかった』なんて講座もあるかもしれません（笑）。しかし、1人でも希望者がいれば必ず開講しています。生徒の『これを学びたい！』という気持ちに応えるのが我々の役目です。これからも本校の教員をはじめ、立教大学の先生方に協力してもらいながら、生徒の希望に沿った講座を展開できればと思っています」（佐藤校長先生）

生徒が選んだ道を全力で突き進めるよう、そのサポートに惜しみなく力を注ぐ教員。立教新座生が各自の興味を自由に広げながら、伸びのびと学びを深められるのは、こうした教員による確かなバックアップがあるからなのです。

なお、自由選択科目を履修していない時間は自主学習にあてたり、「立教大学特別聴講生制度」で大学の講義を受けたり、各自が自由に使うことができます。特別聴講生制度で取得した単位は高校だけでなく、立教大学進学後の単位として認められる点も魅力でしょう。

多様性のなかで活躍できる「グローバルリーダー」に

キリスト教の精神に加え、同校の人間教育を語るのに欠かせないのが「グローバルリーダー」の育成です。海外体験や異文化交流で国際的な視野を養う「グローバル教育」と、自らの個性を発揮しながら仲間と協働する「リーダーシップ教育」の2つを軸に、多彩なプログラムを展開しています。

「『グローバル』というと英語力を高めることが注目されますが、日本語で話すとき同様、正しく自分を表現し、相手を理解しようとする姿勢を持つことがなにより大切です。自分と相手をきちんと見ること。そのうえで、それぞれのよさが活きる協働の策を探れる『リーダーシップ』も身につけられれば、文化の垣根を越えて活躍する『グローバルリーダー』になれると考えています」と佐藤校長先生。

「グローバル教育」では日々の英語教育の充実はもちろん、異文化体験を盛り込んだ海外留学や研修プログラムを数多く用意し、グローバルな視点で物事を考えるための力を育成しています。

留学はホームステイをしながら提携校の授業に参加する「派遣留学（1年間）」、高2の2学期に行う「ワンターム留学（4カ月間）」、高3の3学期を語学研修にあてる「ギャップイヤー留学（1カ月）」などがあります。それぞれ期間や開催時期、対象学年が異なるので、

学校生活

生徒それぞれが主体的に「やりたいこと」を選択し、日々の学校生活を作り上げる立教新座。高3ではほとんどの授業が選択科目になります。

1

2

3

1.自由選択科目「大学への化学」 2.少人数による英語の授業 3.リーダーシップププログラムでの発表

生徒は自分の学習プランと合わせて検討し、積極的に取り入れています。また、理科や宗教科など各教科で実施する海外研修（希望者対象）も見逃せません。マレーシアのゴム農園に足を運び、資源について考えたり、フィンランドでオーロラを観測するほか、公共施設を訪れて福祉について知見を深めたりするなど、授業で学んだ知識を活用しつつ、現地の空気感も体験できる貴重な機会になっています。

4

5

6

4.キャリア教育探究活動　5.派遣留学　6.フィンランドでの海外研修　　写真提供：立教新座高等学校　※写真は過年度のものを含みます。

多彩なプログラム

立教大学キャリアセンターとのキャリア教育探究活動や、海外で異文化を体感できる留学・海外研修など、各自で挑戦できるプログラムも豊富です。

「リーダーシップ教育」では、講演会や研修会、部活動の代表者向けの「リーダーシップ研修」「フォローアップ研修」（高1・高2）、高3の自由選択科目に2講座を開講。自らのチームを客観視したり、グループで互いのよいところを発表しあったりする経験を通して、自分の属する集団にはどんな役割が必要か、自分はどう貢献できるのか、自分なりの「リーダーシップ」を身につけていきます。

また、特別聴講生制度を利用して立教大学のグローバル・リーダーシップ・プログラム「立教GLP」を履修することも。企業から出題される課題に、大学生とともに取り組むことで、より実践的な舞台で自分の力を発揮する経験を積みます。

ご紹介してきた通り、立教新座は進路・授業・課外学習どの面でも、「選択肢」の多い学校です。佐藤校長先生は、「かつては『生徒全員が参加する大規模なプログラムが少ない』と感じたこともありました。しかし実際は、熱心な教員や立教大学の協力のもと、魅力的なプログラムが数多く用意されており、これはある意味『なにをして、なにをしないかを自分で選択する機会が多い』のだと気がつきました。生徒それぞれが自分の好みで選び取って、自由に学校生活を作っていける。それが本校のよさだと思います。ですから卒業生に、『立教新座ってどんな学校？』と聞くと、それぞれ違う答えが返ってくると思いますよ（笑）」と話してくださいました。

自分らしい道を選び取れる立教新座。「これがしたい！」を実現するにはぴったりの学校でしょう。

■2024年3月卒業生　立教大学進学状況

学部	進学者数
文学部	25
異文化コミュニケーション学部	17
経済学部	60
経営学部	36
理学部	2
社会学部	42
法学部	52
観光学部	6
コミュニティ福祉学部	1
現代心理学部	3
スポーツウエルネス学部	1
Global Liberal Arts Program（GLAP）	1

※本コーナーに記載されているサービス名、商品名は各社の商標または登録商標です

公立高校 WATCHING

東京都立 新宿《しんじゅく》高等学校（共学校）

温かな雰囲気のなかで人々を導く「実践者」となる

なにごとも一生懸命に行う生徒が集まる東京都立新宿高等学校。その思いに応えうる、ICTを活用した授業展開や、独自の取り組み「新宿学」、丁寧な進路指導といった充実した教育を実施しています。

大切に積み重ねられた100年の伝統

複数の路線が乗り入れ、多くの人が行き交う新宿駅。そこから徒歩数分の校地で、東京都立新宿高等学校（以下、新宿高）は100年を超える歴史を紡いできました。交通至便な立地にもかかわらず、校舎は落ち着いた空気に包まれています。

校是は「全員指導者たれ」。藪田憲正校長先生は「指導者と聞くと、色々な指示を出す、みなより一段上に立っているかのような人物を想像するかもしれません。しかし本校が考える指導者は違います。周りの人の意見を尊重しながら率先して行動する『実践者』として人々を導く人物をさします。そして、こうした人物になるために必要なのが、教育目標に掲げている『自主・自律・人間尊重』の3つです。創立から長い年月が経ちますが、いまの時代にも適う校是であり教育目標であると感じています」と語ります。

また、大切にされている考え方として「大家族主義」があります。教員、保護者、卒業生という新宿高にかかわるすべての人が、家族のような温かみをもって生徒を育てる、そんな思いの表れです。

「卒業生には、伝統行事『臨海教室』の支援、キャリアガイダンスの開講、『進路部通信：新宿通信』への寄稿など、様々な形でご協力いただいています。育まれた『伝統』は、在校生と卒業生だけでなく、卒業生と卒業生をもつなげる大切なものだと、生徒に感じてほしいですね」（藪田校長先生）

所在地：東京都新宿区内藤町11-4
アクセス：地下鉄副都心線「新宿三丁目駅」徒歩2分、JR山手線ほか「新宿駅」徒歩4分
生徒数：男子425名、女子526名
TEL：03-3354-7411
URL：https://www.metro.ed.jp/shinjuku-h/

⇒ 3学期制
⇒ 週5日制（土曜授業年間18回）
⇒ 月・木・金6時限、火・水7時限
⇒ 50分授業
⇒ 1学年8クラス
⇒ 1クラス約40名

ICT機器を活用し よりよい授業をめざす

新宿高は進学重視型の単位制を採用しています。2年次まではほぼすべての科目が必修で、選択科目は第2外国語（ドイツ語、フランス語、中国語、ハングル、英会話）のみ。高3では多くの授業が選択となり、大学受験に特化したものが豊富に用意されます。

単位制は選択科目数を充実させる関係から教員数が必要とされ、新宿高も同規模の公立高校と比べ、11人多く配置されています。「生徒を見守る目が増え、異なる視点からサポートできる」（藪田校長先生）ことは大きな魅力です。

藪田《やぶた》 憲正《のりまさ》 校長先生

授業の特徴はプロジェクターやタブレット端末といったICT機器を活用していること。物理の教員は授業の最後に端末を使ってアンケートを取り、生徒の理解が不十分な箇所を把握、次の授業でフォローしています。体育では各競技についての説明動画を事前に配信し、スムーズに授業に入れるようにするなど、よりよい授業展開のための工夫がなされています。

立地を活かした取り組みで 地域や人とつながる

独自の取り組みとして、「新宿学」も見逃せません。1年次には新宿にゆかりのある「内藤とうがらし」を栽培。そのうえで、各々の関心に沿って活用方法を検討したり成分分析をしたりしながら学びを深めます。新宿学は2022年度に始まったばかりですが、その学びはすでに広がりをみせています。内藤とうがらしは、特許庁に商品登録されている野菜であることから、2023年度は知的財産権について学んだうえで、栽培

[学習風景] ①②ICT機器を活用した学びや③「新宿学」といった独自の取り組みを行い、④生徒が発表する機会も豊富に設けています。生徒は⑤自習にも励みながら、⑥キャリアガイダンスなどをヒントに将来の道を見つけていきます。

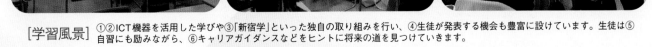

［多彩な活動］①②臨海教室をはじめ、③運動会（駒沢オリンピック公園にて実施）、④百人一首大会など、様々な行事を真剣に楽しむ生徒たち。⑤新宿御苑でのボランティア活動や部活動（⑥チアリーディング部）などにも一生懸命です。

をしたといいます。

また1年次には「新宿の未来」を考える活動も実施。新宿で商いをする天ぷら屋や和菓子屋、鉄道会社などの企業から示された課題の解決策を考えます。

「企業の方々には、答えがない課題の提示、厳しいフィードバックをお願いしています。生徒にとっては社会の厳しさを知るチャンスですね（笑）。ある企業の代表が『新宿は日本の縮図』とおっしゃっていました。その言葉通り、新宿には日本が抱える国際化、商業、性的マイノリティーなどにおける様々な課題が凝縮されています。ですから街に出て学べることがたくさんあるはずです。生徒には『新宿』をカギに、社会、そして人とつながり、今後の日本のためになにができるかを考えることを望みます」と藪田校長先生。

2年次の新宿学では大学の研究室との連携がスタート。関心がある学問分野からテーマを設定し、大学の先生に助言をもらいつつ研究を進めます。3年次も継続し、大学入試や大学入学後につながる深い研究に仕上げていきます。

1人ひとりと向きあい 丁寧な進路指導を行う

新宿高では「生徒の自主的な学習も支援したい」との思いから、年末年始も使用可能な自習室を備えています。

「校内で自習をしてから帰ることを奨励しています。部活動を引退後に受験勉強に励む、という考え方もありますが、すぐに切り替えるのは難しいでしょう。1年次から集中と切り替えを意識することが大切です。すべてのことに『誠』を尽くし思いきり楽しむ、そんな学校生活を送るよう伝えています。実際に生徒たちは、部活動や行事にも一生懸命で、放課後の学習にも大いに励んでいます。ときには校内で500人が自習をしていることもあるほどです。みんなで頑張るという雰囲気ができあがっています」と藪田校長先生。

職員室前には質問コーナーも設置され、そこで進路についての相談が始まるのも日常的な光景です。なかには、面接の練習や小論文の添削を校長先生にお願いしたいとやってくる生徒もいるそう。

藪田校長先生は「生徒とは、できるだけ直接話す機会を持ちたいと思っています。気軽に入れるよう校長室のドアは基本的に開けたままです。私も生徒の姿を見ると話しかけにいきます。勉強以外の様子も知りたいですし、なにか困っていることがあればサポートしたいですからね」と話されます。

こうした1人ひとりと向きあう方針は学校全体に浸透しており、進路指導には担任や教科担当、進路指導部、部活動の顧問が協力してあたります。「顧問であれば、『プレッシャーには少し弱いものの、コツコツと頑張るから必ず結果を出せる』など、教室以外の場所で見せる性格も把握しています。そうした情報も共有して教員同士で目線を合わせます。模試も、教員全体で結果分析を行ったうえで学年集会で返却しており、どの教員も適切に指導できる体制を整えています」と藪田校長先生。

自分に誇りを持って進んでいってほしい

「大家族主義」の理念に違《たが》わず、温かみのある雰囲気のなかで生徒の成長を見守る新宿高。そうした環境で、1つのことに注力するのではなく、どんなことにも全力であたる生徒たち。大学受験においても同様で、ある卒業生は「大学受験は学校行事だった」という言葉を残しました。新宿高生にとっては、大学受験も学校行事と同じように、自分なりの目標を立てて臨み、楽しむものの1つなのです。

新宿高は、高みをめざす仲間とともに、人々を導く「実践者」となるための「自主・自律・人間尊重」の心を養える学校です。

「生徒には、なにごとも『うまくやろうとせずに正しくやろう』と伝えています。『要領よく、できるだけ楽に』と思うと、どこかにひずみが生じます。大変だと感じても正しさを選ぶ。そうすれば誇りを持って進めるはずです。

受験にあたっては、どの学校にも魅力がありますから『惚れた』と思う1校を探してください。そして見つかったのならば、惚れ通して思いを遂げましょう！ その学校が新宿高であれば嬉しく思います。我々教員は、生徒たちのために最高の教育を提供していきます」（藪田校長先生）

①

②

［環境］ 駅から近いだけでなく、①太陽の光が差し込む広々としたホールや②美しいバラ園など、魅力の多い校舎です。

写真提供：東京都立新宿高等学校 ※写真は過年度のものを含みます。

2023年3月 大学合格実績抜粋（ ）内は既卒

国公立大学		私立大学	
大学名	合格者	大学名	合格者
北海道大	7（0）	早稲田大	73（9）
東北大	7（1）	慶應義塾大	32（5）
筑波大	4（0）	上智大	37（7）
お茶の水女子大	4（0）	東京理科大	60（12）
東京大	1（0）	青山学院大	60（2）
東京医科歯科大	1（0）	中央大	74（4）
東京学芸大	7（0）	法政大	90（10）
東京工業大	5（2）	明治大	148（12）
一橋大	5（0）	立教大	53（4）
京都大	1（0）	学習院大	16（1）
大阪大	1（0）	東京慈恵医科大	2（0）

二《に》松《しょう》学《がく》舎《しゃ》大《だい》学《がく》附《ふ》属《ぞく》高等学校

書道部

ワクワクドキドキ 熱中部活動

個人のスキルを磨くだけでなく チームワークも高められる環境

二松学舎大学附属高等学校の書道部は、個人作品と団体作品の両方に取り組みます。個々のスキルアップをめざすとともに、部員全員で協力して作品を作る楽しさも感じることができます。

今回紹介してくれたのは

高2 渡辺《わたなべ》 悠之介《ゆうのすけ》さん　高2部長 秋本《あきもと》 紗希《さき》さん

School information
所在地：東京都千代田区九段南2-1-32　アクセス：地下鉄東西線・半蔵門線・都営新宿線「九段下駅」徒歩6分、地下鉄総武線・南北線・都営新宿線「市ケ谷駅」、JR総武線・地下鉄東西線・南北線・有楽町線・都営大江戸線「飯田橋駅」徒歩15分　TEL：03-3261-9288　URL：https://www.nishogakusha-highschool.ac.jp

自分が書きたいものにどんどん挑戦できる

二松学舎大学附属高等学校（以下、二松学舎大附属）の書道部は、高1～高3の17人が週2日の活動に励んでいます。

使われている書体は大まかに分けると「楷書」「行書」「草書」「隷書《れいしょ》」「篆《てん》書《しょ》」「かな」の6つで、様々な書体が組みあわさっているものもあります。

参考となる古典をもとに、自分が書きたいと思った字や書体を選んで書くことができるのが二松学舎大附属・書道部の特徴です。

小1から書道を始めたという部長の秋本紗希さんは、書道部に憧れて二松学舎大附属を受験しました。

「同じ書道教室の先輩が二松学舎大附属の書道部に入っていて、色々な話を聞いたのが興味を持ったきっかけです。中学までは書くことができる書体は楷書や行書に限定されていましたが、高校に入ってからは様々な書体を書くことができ、書道の奥深さを知ることにつながっています。書道部に入ってよかったと感じています」

そんな秋本さんが得意としている

6月～10月の期間以外は、1人ひとりが書きたい書体に取り組みます。よく書けたものは様々なコンクールに応募して入賞をめざします。

個人作品では名前とともにハンコ（落款印）が押されます。これは各自が手作りしたものなのだそうです。

のは、点画《てんかく》が大きく省略されていて、線・文字が連続する草書です。

「余白や文字の濃淡で魅せる」（秋本さん）のがポイントだと言います。

渡辺悠之介さんも、小1から書道を始めました。そのなかでも最近は、日本特有のかな文字に魅力を感じているそうです。

「うまく書けるようになるだけでなく、かな文字をより深く知るために、文字の解読力も深めていくことができたら」と、渡辺さんは今後の目標を語ってくれました。

秋本さん、渡辺さんのように、幼いころから書道に触れてきた人が多く所属していますが「初心者で入部しても、専門の書道の先生や先輩、同級生がアドバイスをしてくれます。この技術が身につかないといけない、といったものはなく、自分が書きたいと思ったものにどんどん挑戦していくことができます」と秋本さん。

もちろん、ただ量をこなしていれば上手に書けるようになるわけではありません。

秋本さんと渡辺さんは「いかに集中力を切らさずに書ききるか」が書道において大切だと話します。

そして、もっとうまくなりたい、と意欲的に取り組むことができれば、どんどん成長し、より書道の楽しさを感じることができるようになるとのことです。

仲間と協力しながら 1つの作品を作り上げる

基本的には個人作品に励んでいる書道部ですが、年に2回、団体作品に取り組む機会があります。

1つ目は国際平和デー（9月21日）に、学校のすぐ近くにある靖國神社で行われる「9・21世界平和の祈り」というイベント。2つ目は文化祭でのパフォーマンスです。

これに備えて、6月下旬から10月上旬までは、部員全員で協力して作品を作っていきます。

団体作品の場合は、その用紙が大きくなるため紙作りから行っているそうです。そのほか、筆につける墨汁の色も自分たちで作ります。

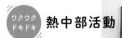

文化祭では、曲に合わせて字を書くなかで、どんな言葉を書くのか、どういった動線にするのか、だれがどの文字を書くのかといった、すべてのことを高2が中心となって構成から作っていきます。

「基本の構成だけでなく、よりよい作品にしていくために話しあい、

団体作品はイチから作り上げるため、やることはたくさん。通常は週２回の活動ですが、この期間は週３回になることもあるといいます。

写真提供：二松学舎大学附属高等学校　※写真は過年度のものを含みます

自分たちで努力を重ねていきます。行う内容は毎年変わり、２０２３年度は人気アーティストの曲に合わせてパフォーマンスしました。毎年違った雰囲気を見せることができるのが、この文化祭でのパフォーマンスの楽しさでもあります」（秋本さん）

靖國神社で行われるイベントでは、訪れた各国の大使と交流する機会もあるそうで「授業で身につけた英語力を活かしながら、書道を通してコミュニケーションを取ることができたときは嬉しかったです」と、渡辺さんはパフォーマンス以外の面でも楽しさを感じていました。

個人作品に取り組んでいる期間は、自分の作品作りに集中する分、この団体作品を通して、部のチームワークが深まっていくといいます。

同じ書道でも、個人と団体では取り組み方や考え方が異なります。

「個人作品では、いかに心を落ち着かせながら書くことができるかがカギです。己と向きあいながら書くことで、より深く自分を知ることができます」（渡辺さん）

「団体作品では、周りと力を合わせつつ、そのなかで、どう自分のよさを引き立たせられるか。仲間と連携しながらも自己プロデュースする力がつきます」（秋本さん）

個人と団体の両方の作品に取り組む二松学舎大附属の書道部。書道を通して自分自身を見つめ直しながら個人のスキルを高めていくだけでなく、全員で１つの作品を作るために、仲間と協力する大切さを学び、そのなかで自分のよさを発揮する方法を身につけていくことができます。

勉強　先輩からのアドバイス　受験

高２　秋本 紗希さん　渡辺 悠之介さん

Q二松学舎大附属はどんな雰囲気の学校ですか。

秋本さん：アットホームな雰囲気の学校です。私は進学コースに所属していますが、ほかのコースの子とも交流が多く、友だちの輪が広がりやすいと感じます。また、休み時間や放課後でも、先生たちが授業でわからなかったことに丁寧に対応してくれます。

渡辺さん：私もほかの人と仲よくなりやすい環境だと思います。

Qどんな行事がありますか。

秋本さん：体育大会、球技大会、２年生では３泊４日の沖縄修学旅行などがあります。

渡辺さん：どの行事も盛り上がります。なかでも人気なのが文化祭と体育大会で、体育大会は武蔵野の森総合スポーツプラザを使って行われます。私は高２のときに文化祭実行委員をしました。初めて話す人が多かったですが、みんな協力的で、スムーズに物事を進めることができ、文化祭の準備段階から楽しむことができました。

Q普段の勉強で大切にしているのはどんなことですか。

渡辺さん：得意な科目だけでなく、苦手な科目も含めてまんべんなく取り組んでいます。

秋本さん：授業中にノートを取るときは、自分の言葉でまとめておくと、あとでノートを見返したときにわかりやすいです。ほかにも、先生が板書したものをノートに写すだけでなく、話した言葉もメモしておくことが意外と大事です。

Q受験勉強で心がけていたことはありますか。

秋本さん：勉強時間の確保も大事ですが、うまく息抜きすることを心がけていました。本番で力を発揮するためにはメンタルケアも欠かせません。無理をし過ぎないことが大事です。

渡辺さん：秋本さんが言ったように、私も息抜きは大事にしていました。ただ、だからといってだらけすぎてしまうのはよくないので、危機感を持つことを忘れないようにしていました。

Q読者の方へメッセージをお願いします。

秋本さん：私は地元を離れてこの学校に進学しました。たくさんの人と話をするなかで、視野が広がりました。みなさんもめざす進路で、きっといままでにない発見があるはずですので、将来の目標に向かって頑張ってください。

渡辺さん：合格はゴールではなく、あくまで将来の夢に向けての通過点です。受験勉強に一区切りがついてからも、継続して勉強し、高校生活に向けて準備しておけば、よりよい新生活のスタートを切れると思います。

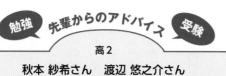

2024年度よりフランス語コース新設！

関《かん》東《とう》国《こく》際《さい》高等学校

SCHOOL DATA〈共学校〉

Address 東京都渋谷区本町3-2-2　**TEL** 03-3376-2244
Access 都営大江戸線「西新宿五丁目駅」徒歩5分、京王新線「初台駅」徒歩8分　**URL** https://www.kantokokusai.ac.jp

名実ともに外国語教育のKANTOが誕生

「オンラインキャンパス」「渋谷キャンパス」「勝浦キャンパス」の3つのキャンパスの特性を活かし、世界につながるハイブリッド型教育を実践する関東国際高等学校（以下、関東国際）。2024年度より、2023年度にスタートしたスペイン語コース、イタリア語コースにつづき、「フランス語コース」が新たに開設されます。これにより外国語科は、英語、フランス語、スペイン語、イタリア語、ロシア語、中国語、韓国語、タイ語、インドネシア語、ベトナム語の計10コースとなり、名実ともに「外国語教育のKANTO」と呼ぶにふさわしい教育環境が整います。

「ヨーロッパ圏は豊かな文化エリアですので、来年度からのフランス語コースにも大きな期待が寄せられています。本校が主導する『世界教室』には、スペイン、イタリア、フランスの学校も参加していますので、彼らとの交流を深めるためにも、今後はそれらの国々の言語にも力をいれていきたいと考えています。

また、外国語を学ぶうえでスキルアップは当然重要ですが、外国語を使うセンスを磨くことも大切なのです。このセンスを高校で身につけておけば、将来、どの国でどんなメジャー（専修分野）を選択しても自分で学びを進めていくことができます。いまはどの大学でもリベラルアーツを学びの中心に据えた教育が行われていますので、本校でも語学だけでなく、将来、生徒が自分の好きなことを自分の力で学んでいけるように育てていきたいと考えています」と黒澤眞爾副校長は語ります。

渋谷キャンパス

生徒の進路を拓く新たな試み「後期指定校推薦」の推進

関東国際では、学校推薦型選抜や総合型選抜を利用し、多くの生徒が難関大学へ進学しています。これを可能にしているのが、関東国際が新たに推進する「後期指定校推薦」です。「後期指定校推薦」とは、私立大学において11月ごろに実施される指定校制学校推薦型選抜を12月以降にも出願できるようにしたもので、2024年度大学入試では8つの大学でこの推薦選抜を行う予定です。

「総合型選抜で難関大学など、より高いレベルの大学にチャレンジした後に、『後期指定校推薦』へ出願できるという構想です。まだ8校ですが、現在協議中の大学もあり、今後参加校はさらに増加していくのではと思います」（黒澤副校長）

この「後期指定校推薦」への出願資格に、志望大学の「高大連携ブリッジ授業」への参加が含まれていることがあります。関東国際が以前より力をいれている「高大連携ブリッジ授業」。高校と大学が連携し、一貫した質の高い教育を提供する取り組みで、関東国際の生徒を対象とする大学からの出張授業・特別講座・指定校推薦と連動した授業など独自のプログラムを展開しています。

2024度入試でこの推薦を実施する順天堂大学国際教養学部のブリッジ授業には、150名を超える受講希望者があるなど、その動向が注目されています。

ブリッジ授業の様子

G 講堂　H 総合グラウンド

共立《きょうりつ》女子《じょし》第二《だいに》高等学校

〈女子校〉

共立女子学園の建学の精神「女性の自立と自活」を大切にし、社会に貢献できる女性の育成をめざす共立女子第二高等学校。1人ひとりが主役となり、必ず自分らしさを発揮できる場所がある学校です。

Link to the Future 自分らしい物語を紡げる学校

新しいコース制を導入し セルフリーダーシップを育成

八王子の丘陵地に広大なキャンパスが広がる共立女子第二高等学校（以下、共立女子第二）。1970年の設立以来、約1万2000人の卒業生が社会へと旅立ち、それぞれの舞台で活躍しています。

「共立女子学園では『リーダーシップの共立』を学園全体の教育指針に掲げています。本校ではその具現化に向けて『セルフリーダーシップ』の育成をスクールポリシーにおき、だれもが主人公となれるためのリーダーシップの育成に取り組んでいます。『セルフリーダーシップ』とは組織やグループのなかで自分の得意分野を見つけ、個性を発揮する自発的な力のことです。その力は周りの人々にもいい影響を与え、ゆくゆくは社会貢献へとつながっていくのだと考えています」と入試広報部主任の戸口義也先生は話します。

共立女子第二では、2022年度より多様な学びに対応する新しいコース制が導入されました。特別進学コース、総合進学コース、共立進学コース、英語コースの4コースで、特別進学コースは難関大学をめざす生徒を対象とし、理系を選択する生徒には必須のコースです。総合進学コースは芸術系、看護系など多様な進学希望を実現するコース、高2からスター

Photo　A 制服　B ニュージーランド・ホームステイ　C 探究の授業　D 文化祭　E 体育大会　F 演劇部

写真提供：共立女子第二高等学校　※写真は過年度のものを含みます。

トする共立進学コースは共立女子大学（文系学部）・短期大学への進学を第1志望とするコースです。そして英語コースは3年間クラス替えがなく、全員がニュージーランドの現地校へ約3カ月のターム留学をするコースで、留学を終えた高2生のなかには英検®準1級に合格した生徒もいます。

また、英語コースだけでなく、すべてのコースで英語・グローバル教育に力を入れているのも共立女子第二の特徴です。日々の授業のなかで、Input（聞く・読む）とOutput（書く・話す）をバランスよく練習する4技能統合型授業が行われており、「使える英語力」が養われたと多くの卒業生が口をそろえるほどです。

自分のキャリアをしっかりと考える時間が持てる学校

「共立探究」も特色ある取り組みの1つです。英語コースではプロジェクト型PBL（課題解決型学習）を導入し、地元企業と連携した新商品の企画・開発の体験を通して、自分の進路やキャリアを考えていきます。また、ほかの3コースでは、設定された7つの領域から興味のある研究テーマを選択し、自ら「問い」を立て、課題研究に取り組み、論理的思考力や問題解決力を身につけていきます。「これらの探究の成果を総合型選抜に活用する生徒が増加しています」と戸口先生。

共立女子大学の合格を得たまま他大学にチャレンジできる併設校特別推薦制度もあり、例年、約6割の生徒が他大学へ進学しています。さらに99%という非常に高い現役進学率も共立女子第二の特徴です。

また、共立女子第二では、大学進学だけでなく10年後、20年後を見据えた進路指導も充実しています。3年間を通して行われる「針路プログラム」では、学年ごとの目標を「針路」として、OGや外部の人の講演会やワークショップの時間を増やし、自らを振り返る時間や将来のキャリアデザインを考える時間などをしっかりと確保するなど、主体的な進路決定から志望校合格まで、様々な学習支援とキャリア構築支援が行われています。

最後に、戸口先生から受験生のみなさんへのメッセージです。

「本校で3年間を過ごすと、きっと女子校が好きになると思います。入学後半年ぐらいして聞いてみると、ほとんどの生徒が女子校に入学してよかったと口をそろえて答えてくれます。その先の大学も女子大を第1志望にする生徒が本校には多くいます。

1人ひとりが、埋もれることなく、必ずどこかで主役になれる場所があり、3年間学ぶことによって、自分を成長させることができる。そういったところに女子校の意義、本校のよさがあるのだと思います」

スクールインフォメーション

所在地：東京都八王子市元八王子町1-710
アクセス：JR中央線・横浜線・八高線「八王子駅」、JR中央線・京王線「高尾駅」ほかスクールバス
生徒数：女子758名
TEL：042-661-9952
URL：https://www.kyoritsu-wu.ac.jp/nichukou/

2023年3月　おもな合格実績（現役生のみ）

東京都立大	1名	学習院大	3名
山梨大	1名	成蹊大	6名
国立看護大	1名	成城大	5名
大分大	1名	津田塾大	2名
中央大	6名	東京女子大	6名
法政大	9名	日本女子大	3名

共立女子大学の合格者数は72名です。

※本コーナーに記載されているサービス名、商品名は各社の商標または登録商標です

人生のターニングポイント!

さあ始まった! 受験この1年

この1年 あなたが考えるべきこととは

タイトルに「受験この1年」とありますが、ここでお伝えしたい「この1年」とは、中学3年生のためのものだけではありません。いま公立中学校に通っているみなさんが迎える高校受験は、初めて経験する「人生のターニングポイントだ」と言えるのではないでしょうか。少し大げさかもしれませんが……。そんな大仕事に対しては、長期的な計画を立てて準備する必要があります。1、2年生のみなさんも、高校入試という文言に敏感になって、まずはこの1年、その情報に耳を傾けることを始めましょう。

都県それぞれで異なる入試制度

高校入試はいつ行われる?

ここでは基礎知識として高校入試の仕組みについて、まず説明します。

高校入試は、中学3年生終盤の1月上旬から3月上旬にかけて実施されます。

まず12月中旬に私立高校の事前相談が始まり、その後、1月下旬から私立高校の一般入試が行われます。公立高校の学力検査がスタートするのは、2月中旬からです。

これを見てわかる通り、私立高校と公立高校では、入試の時期が異なっています。

また、大きく分けて、推薦入試と一般入試という2つの入試形態がありますので、1月上旬から約2カ月間という少し長めの期間が用意されます。

さらに東京の公立中学校では、前年の11月に英語の「スピーキングテスト（ESAT-J）」が実施され、スコアが2月の都立高校学力検査の得点に加味されますから、すでに11月から入試が始まっているといっても過言ではありません。

なお、いま首都圏の公立高校で学力検査とは別に推薦入試があるのは東京都立だけです。神奈川、千葉、埼玉では入試は学力検査1回しかなく、神奈川はこの春から全員への面接もなくなりました。

私立高校でも東京、神奈川には、筆記試験を行う入試以前の日程で、筆記試験なしの推薦入試という制度があります。この推薦入試では、前もっての相談で私立高校の先生が内申点をみて「ほぼ合格」といえる見通しを出してくれます。推薦入試以外の入試にはいくつもの制度があります。注意深く自らの実力に見合った制度で入試に臨みましょう。

なお、私立難関校には推薦入試はなく筆記試験の結果（得点）で決まります。

埼玉の私立高校には前期と後期がありますが、ほとんど前期（1月22日～24日）の間に入試が実施されます。この期間に単願入試と併願入試が行われます。多くの学校で学校推薦（単願）や自己推薦（単願・併願）制度があり、内申点等による出願基準が設けられています。推薦入試では単願・併願入試とも国・数・英3科の筆記試験を実施する学校が多く、学力重視の入試となっています。

千葉の私立高校では1月中旬に前期選抜、2月中旬に後期選抜が実施されます。前期選抜期間中に単願入試だけでなく併願入試も実施されるため、多くの学校で前期に応募者が集中し、ほとんどの受験生は前期に合否結果が出ます。どの入試でも埼玉同様、国・数・英3科の筆記試験を実施する学校が多く、なかには5科の筆記試験を

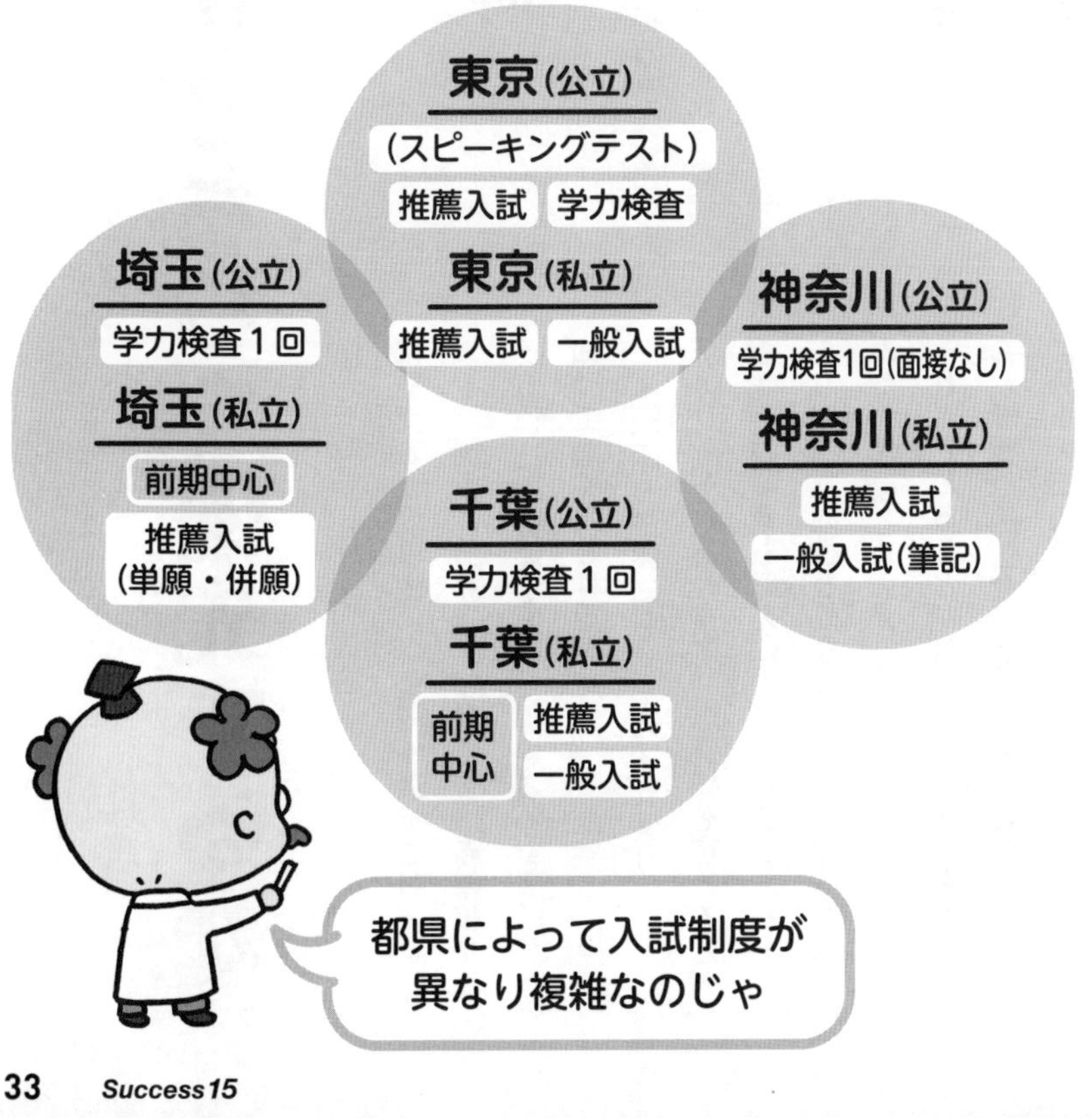

単願・専願

一部の私立高校では優遇制度を設けている

併願

2校以上受験し第1志望に不合格の場合の「滑り止め」とする

よく調べ、相談をして決めよう！

私立と公立どちらを優先するか

設けている学校もあります。

このように都県によって入試制度が違い、神奈川の私立高校などはその入試制度も複雑ですので、詳らかにしておくことが必要です。

また、公立高校にしろ私立高校にしろ、入試の制度変更は頻繁に行われます。近くには2027年度埼玉県公立高校入試で制度の変更が予定されています。

受験で出会う「単願」「併願」とは

前項で「単願」「併願」という言葉が出てきましたから、少し説明しておきます。

「単願」とは1校しか受験しない、裏を返せば「1校しか受験できない」ことで、「専願」と呼ぶところもあります。

「併願」とは2校以上を受験することで、第1志望校に不合格だったときのために、いわゆる「滑り止め」として、もう1校受けておく場合は併願を選びます。

単願は不合格になったときのリスクが高いので、多くの人は併願を選ぶことになりますが、ここでいう「併願できない（単願）」は私立高校同士の場合で、多くの私立高校は「公立高校となら併願できる」としています。

学校側が単願をすすめる趣旨は、「入学する生徒を早く多く確保したい」ところにありますから、ほかの私立高校に進まれてしまうぐらいなら、一部の私立高校では、「合格したら必ず入学する（単願）」と事前

に約束した受験生には優遇制度を設けています。例えば加点措置などです。志望校がそういった措置を行っているかどうか、知っておくことは重要です。

単願にも併願にも、それぞれメリット、デメリットがあります。志望校を定めるときはその要素も考えに入れる必要がありますし、私立高校と公立高校をよく調べ、進みたい学校としてどちらを優先するのか、それを決めることがスタートです。もちろん、学費や周辺費用の差もありますから、自分1人で決めず、ご家庭との相談も欠かせません。

受験準備はいつから始める？

みなさんは高校入試の問題を見たことはありますか。目を通すことがあれば、中学1年生や中学2年生のみなさんでも解ける問題があることにびっくりするかもしれません。じつは高校受験では、中学1、2年生で学ぶ範囲からも意外に多く出題される

さあ始まった！
受験この1年

傾向があるのです。また、入試に必要な内申点に、中学1年生の成績も影響をおよぼす場合があります。

冒頭で述べましたが、高校入試は中学3年生だけのものではありません。中学校に入学したその日から、受験への時間は始まっていると考えましょう。授業の内容は復習をしっかり行って身につけておくことです。

中学1年生で学ぶ基礎的な部分であっても、入試問題はその上に積み重ねられた内容なのです。中学3年生での受験勉強は、例えば志望校に合わせての勉強や対策が主になっていきます。

また、実技教科もおろそかにしてはなりません。東京都立高校への内申点では、実技教科は主要5教科の倍で計算されます。勉強と名がつくと、つい、主要5教科だけを考えてしまいますが、そちらばかりに目を向けるのではなく、バランスの取れた学習生活を送りましょう。

中3の夏からでは間に合わない

高校受験のためには「部活動を引退した中学3年生の夏から集中すれば」と考える

進学塾では部活動と受験対策の両立も考えていますので、相談しながらスケジュールを立ててください。

加えて、内申点対策を考えるなら、中学1年生のうちから、少しずつでも準備を始めてほしいのです。その意識を持つことが、最も大切なことです。

そこで話は元に戻りますが、例えば公立高校受験（一般入試）の場合、学校によって学力検査と内申点の配点比

人もいますが、例えば進学塾での授業内容は、中学3年生の夏になれば、先ほど述べた志望校対策など、具体的な入試対策に入っていきます。ですから、受験に向けては、もっと早く、基礎の部分をしっかり身につけ、その応用問題も解けるようにしておかないと、夏からいくら頑張っても砂上の楼閣を築く作業となってしまいます。

だからといって部活動をさっさと引退しようといっているのではありません。例えばスポーツの部活動では「集中」「切り換え」「継続」といった受験に必要な力を身につけることができ、夏以降の爆発力につながります。

率が違います。

それを確認せずに受験をするのは、無謀といえます。つまり、高校入試には知らないだけで損をしてしまうことが多くあるのです。保護者の方がおちいるマイナス材料の1つが自分の受験生時代の知識です。時間の経過だけでなく、住んでいた場所が違えば、制度はまったく異なります。進学塾が持つデータを利用して、その都県、また各校の情報をしっかりと確認しましょう。

さあ、2024年度が始まります。みなさんが悔いのない1年を過ごされることを祈っています。

入試の応用問題を解くには
1年生で学ぶ基礎が大切！

1年生　2年生　3年生

主要教科と実技教科、どちらもバランスよく学習するのじゃ！

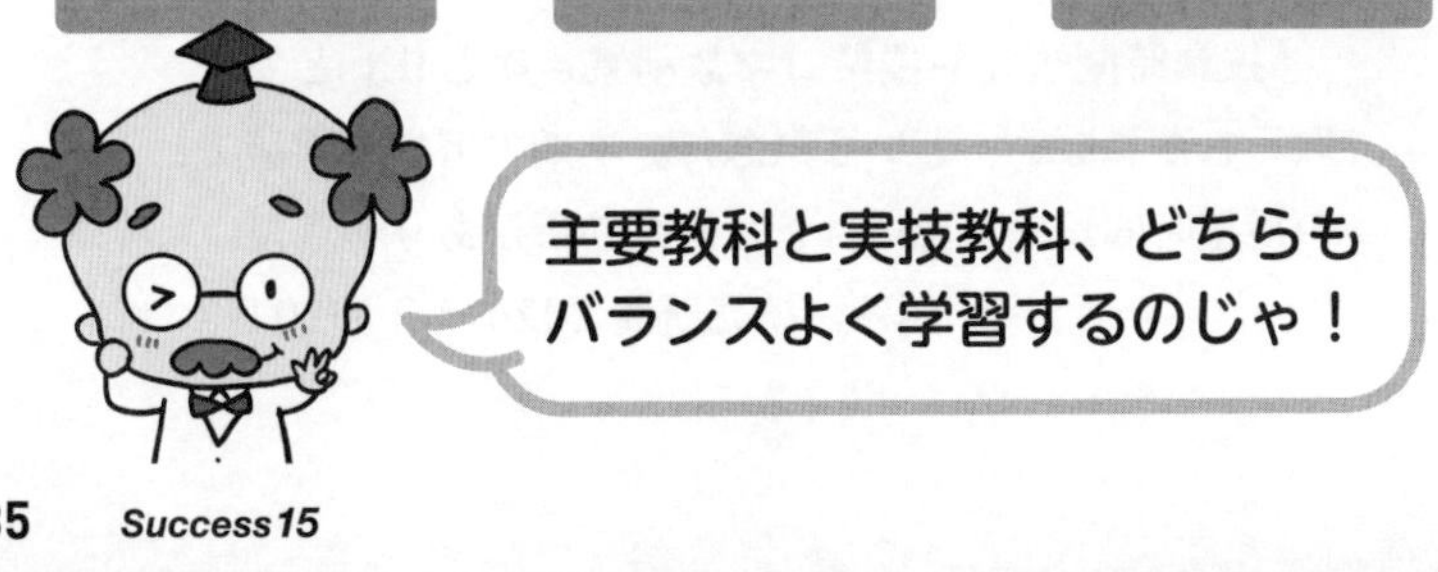

受験生のための
明日へのトビラ

高校受験まであと１年の３年生はもちろん、２年生や中学校に進んだばかりの１年生も高校受験に向けた情報に関心を向けることは大切なことです。この「明日へのトビラ」は受験生と保護者のみなさんに向け、大切な入試情報をお伝えしていくページです。入試に関する制度の変更といった新情報を可能な限り迅速にお伝えしていきます。

全国 次期学習指導要領の改定に向けて小・中学校の授業時間5分短縮を検討へ 短縮分を各校の裁量で自由に使って「新しい学び」「柔軟な学び」をめざす

読売新聞は２月10日、文部科学省（以下、文科省）が義務教育期間の小・中学校の授業時間を見直し、学校の裁量を拡大する方向で検討を始めていると報じた。

これは、今秋から次期学習指導要領改定に向けた議論が始まることを受けた動きだ。

学習指導要領は、全国のどの地域で教育を受けても、一定水準の教育を受けられるようにするため、文科省が学校教育法等に基づいて、小学校、中学校、高校各校の教育課程（カリキュラム）編成の基準を定めているもの。

学習指導要領は、ほぼ10年ごとに改定されており、次の改定が2027年からに迫っている。例年３年ほどをかけて、中央教育審議会などに諮問《しもん》され検討が進められる。

各授業時間を現行より５分短くすると、年間で85時間分の余裕が生まれる。短縮分を各校の裁量に任せて、自由に使えるようにすることなどが想定されているようだ。文科省は次期学習指導要領への反映に向け、今秋にも中央教育審議会に諮問する見通しだ。中央教育審議会は教育課程部会で議論したあと、そのまとめを公表、国民から意見や情報も募集したのち、中央教育審議会の答申、学習指導要領改訂案の公表へ進む。

学習指導要領で授業時間の変更に言及する例は多くはない。小・中学校の授業時間は、学校教育法施行規則に「標準例」として示されており、現在は１コマあたり小学校45分、中学校50分。文科省はこれを小中とも５分短縮して小学校40分、中学校45分に変更することを検討している。変更されれば、1958年の学校教育法施行規則明示後、初めてとなる。

年間の授業時間数は変えない方針だ。現在、小学校４年生以上と中学生は1015コマで、45分授業の小学校では年間約760時間、中学校（50分授業）は年間約845時間の授業が行われている。先述の通り授業が５分短くなれば、小学校、中学校ともに約85時間（5075分）の余裕が生まれ、これを各校が弾力的に運用できるようにするのが狙いという。

その背景を探ってみよう。現行の学習指導要領が重視しているのは思考力や表現力などの育成だ。

その実現には、討論や発表、探究活動などの充実が欠かせないとされるのだが、従来の授業時間の枠組みのなかでは、これら時間のかかる活動を時間内に収めるのは難しい。また、子どもの学力や教育環境については地域格差も広がっている。このような実情に合わせた学習を実現するため「新しい学びへと転換を図るには、まずは硬直化した授業時間を見直し、学校裁量の拡大が必要」というのが文科省の考えだ。

現行の学習指導要領は、それまでの「ゆとり教育」からの脱却が主題だったこともあって、学習内容は膨らみ続けてきた。英語の教科化、プログラミング教育の必修化、金融教育の充実など盛りだくさんの授業となり年間授業コマ数がいっぱいいっぱいで、教員のブラック就労も問題化していることから、コマ数削減を望む声も多くなっている。

これらが授業時間短縮論の背景にあるとみられるが、その一方で、旧学習指導要領が、いわゆる「ゆとり教育」のもと、2002年から2011年の間に義務教育を受けた世代の学力低下を招いたとする「ゆとり教育批判」の再燃は避けたい考えも文科省のなかにはあるという。

「授業時間短縮や授業コマ数削減＝ゆとり」と受け取られかねない、という懸念だ。次期学習指導要領での授業時間短縮実現にはまだ紆余曲折がありそうだ。

（参考：読売新聞 2024年２月10日）

明日へのトビラ

東京 都の高校生2024年度から私立生も所得制限なくし授業料実質無償化

東京都の小池百合子知事は昨年暮れ、私立高校を含むすべての高校の授業料を無償化する方針を発表した。

2024年度から、現行の都内在住者を対象に、授業料助成に設けている所得制限（世帯年収910万円未満）を撤廃することで、実質無償化する方針。

小池知事は「スピード感を持って子育て世帯を全力でサポートする」とし、2024年度一般会計当初予算案に盛り込む。

都は現在、総年収が910万円未満の都内在住の世帯を対象に、国の「**高等学校等就学支援金**」と合わせて、都立高校は授業料の年11万8800円、私立高校は平均授業料の年47万5000円を上限に助成している。

都によると、都立高校（247校）の生徒約13万人のうち、現行の授業料助成の対象は約10万人。私立高校（244校）には約18万人が在籍、約6万7000人が助成を受けている。

物価高騰で子育て世代の負担が増していることも受けて、東京都は所得制限のない高校授業料の無償化に踏みきったというわけだ。他府県では、大阪府も2024年度から段階的に導入する方針を示している。

東京都ではこの対象について、他県在住で都内私立高校に通う生徒は含まないという。

首都圏では、東京都以外の各県の私立高校の授業料支援策は、国の「高等学校等就学支援金」に上乗せする点は同じだが、金額や支援対象にはばらつきがある。

神奈川県は、世帯年収700万円未満（多子世帯は800万円未満）を対象に、県内私立高校の平均授業料相当（45万6000円）を上限に補助している。

埼玉県も、世帯年収720万円未満に平均授業料相当（38万7000円）を助成。いずれも県民が対象だ。

これに対し千葉県は対象の世帯年収が640万円未満と、神奈川県、埼玉県よりは低いが、補助上限は授業料全額と手厚い。栃木県も350万円未満を対象に、県と学校の負担を合わせて全額助成する。群馬県は、国の支援が薄くなる世帯年収590万～910万円に月3860円を支給する。

千葉、栃木、群馬の3県は、県内在住だけでなく県内の私立高校に通う県外の生徒も対象とする。茨城県には独自の支援策がない。

東京都よりも一足早く私立高校無償化方針を打ち出した、前述の大阪府は授業料の補助額に上限（年63万円）を設け、超過分を学校側が負担する「キャップ制」を採用することにしている。府内在住の世帯が対象。近畿1府4県の私立高校に通う場合も、高校側が希望すれば無償化の対象となる。

「**高等学校等就学支援金**」＝高校の授業料軽減を図るための国の支援で、2010年度に導入。年収910万円未満の世帯が対象で、全国の約8割の生徒が利用している。公立高校は授業料相当額の年11万8800円、私立高校は、年収590万～910万円の世帯には年11万8800円、年収590万円未満の世帯には平均授業料相当額の年39万6000円を上限に支給する。

神奈川 今季導入のインターネット出願で「Gmail登録者」がトラブルに

神奈川県の公立高校入試・共通選抜では、初めてインターネット出願を採用したが、システムの不具合で、一部の受検生がトラブルに巻き込まれた。

神奈川県教育委員会高校教育課によると、連絡先に「@gmail.com」のみを登録したGmail利用の出願者には、システムのログインに必要な「認証コード」が届かず、入力できなかった。

締め切りは1月31日だったが原因は解明できず、利用者にGmail以外のアドレス登録を呼びかけて対応した。

2月7日になり、システム事業者の設定ミスが原因だったことがわかり不具合は解消されたという。

高校教育課によると、事業者がGoogle社のガイドラインに沿った設定をせず、短時間に大量のメールを送信した結果、一部Gmail利用者のメールが迷惑メール扱いになったという。同課は「事業者がガイドラインを熟知していなかった」と説明。「志願者や保護者、中学校関係者らに迷惑をかけ、本当に申し訳ない」と改めて謝罪した。

東京 都立の新国際高校早期開校に向け港区の白金に校地準備し動き出す

東京都教育委員会は、2019年策定の「都立高校改革推進計画・新実施計画」で新国際高校（仮称）の設置を決定。基本的枠組みや教育理念の検討、開校予定地の整備に向けた準備を進めている。

新国際高校は、東京都港区白金2丁目（旧東京都職員白金住宅地）に開校が予定され、各学年6学級相当（240人）、計18学級相当（生徒総数720人）を想定。都内公立中学校卒業生を中心に受け入れるほか、一般枠とは別に海外帰国生徒や在京外国人生徒の受け入れを予定し、できるだけ早期の開校をめざしている。

あの学校の魅力伝えます
スクペディア No.114

上《うえ》野《の》学《がく》園《えん》高等学校

東京都　台東区　共学校

所在地：東京都台東区東上野4-24-12　生徒数：男子236名、女子214名　TEL：03-3847-2201　URL：https://www.uenogakuen.ed.jp/
アクセス：JR山手線ほか「上野駅」徒歩８分、京成線「京成上野駅」徒歩10分、つくばエクスプレス「浅草駅」徒歩12分

自らの未来を切り拓く「自覚」の精神

「人間としての『自覚』を持つこと」を建学の精神として、1904年に創立された上野学園高等学校(以下、上野学園)。ここで掲げる「自覚」とは、自己を確立し、自らの人生を自ら切り拓いていく覚悟でもあります。上野学園では、生徒それぞれの「自覚」をサポートし、未来を切り拓くための力を育むことを目標としています。

1人ひとりに向きあう親身な指導が魅力

JR線ほか「上野駅」から徒歩8分という立地にある上野学園の校舎は、15階建ての都市型スクールです。教室や廊下は窓を大きく取った設計で、明るく開放的な雰囲気。一方で、24時間体制のセキュリティーや電子ゲートの完備など、防犯設備も充実しており、安全・安心の学習環境が整っています。

高校では普通科と音楽科を設置し、それぞれ進路目標に合わせた2コース制を採用しています。

普通科は国公立大学・難関私立大学をめざす「特別進学コース」と、幅広い分野の4年制大学をめざす「総合進学コース」の2コースです。そして音楽科は、音楽的な力を伸ばすことをめざす「器楽・声楽コース」と、ソリストとして演奏家をめざす「演奏家コース」の2コースです。

普通科の「特別進学コース」は、コース内で「α」と「β」に分かれ、少人数制のきめ細やかな指導を可能にしています。

国語・数学・英語の3教科を中心に、高1・高2では7時間目授業や勉強合宿を実施するなど、大学受験を見据えた学力の育成に力を入れているコースです。

普通科の「総合進学コース」は、多様な選択科目を用意することで、情報・福祉・介護・栄養・バイオ・芸術・スポーツなどの幅広い希望進路に柔軟に対応しながら、生徒1人ひとりの夢の実現を支援します。

両コースとも高1は共通カリキュラムですが、高2からは文系、理系に分かれて学びます。さらに、夏休みと冬休みにはサマースクール、ウインタースクールとして、講習・補習・特別講座を開催。上野学園の手厚い学習指導体制は、生徒の学力をしっかりと培っていきます。進路指導でも年6回の面接を実施するなど、学校生活の随所で少人数制を活かした面倒見のよさを感じることができる学校です。

日本大学第三高等学校
（に　ほんだいがくだいさん）

東京都　町田市　共学校

所在地：東京都町田市図師町11-2375　生徒数：男子720名、女子410名　TEL：042-789-5535　URL：https://nichidai3.ed.jp
アクセス：JR横浜線・小田急小田原線「町田駅」・JR横浜線「淵野辺駅」・京王相模原線・小田急多摩線・多摩都市モノレール「多摩センター駅」バス

充実した環境で確かな力を養う

「明・正・強」の教育目標のもとに、「社会で活躍できる人」を育てる日本大学第三高等学校（以下、日大三）。2029年に創立100周年を迎えるにあたり、多くの教育改革が行われています。

なかでもICT教育は「グローバル社会および地域創生で活躍するリーダーの育成」を旗印に、早期から実践されてきました。教室には5GのWi-Fi環境が整い、電子黒板機能つきのプロジェクターも設置。また全員にタブレット端末を貸与し学習アプリを併用することで、生徒が自ら学びたくなるような授業を展開しています。

多彩な学習支援で希望進路を実現

日本大学の付属校である日大三。基準を満たせば内部進学の資格を得られる一方で、他大学への進学も盛んです。近年では日本大学4割、他大学に5割の割合で進学しており、多様な進路選択が可能な環境といえます。

入学後は、大学進学に向けた学力の増強に重点をおいた「普通クラス」と、国公立大学や難関私立大学をめざす「特進クラス」の2つで生徒を

サポートします。どちらのクラスも高2から文系、理系に分かれて勉強を進め、志望分野に応じた質の高い授業を受けることで、大学受験にも対応できる知識を身につけます。

授業外の時間で習熟度別の補習を実施しているほか、放課後を利用した多彩な講座も魅力です。基礎徹底講座や英検対策講座、難関大受験対策など年間を通じて200以上の講座が開講され、得意科目の伸長や苦手科目の克服に役立てられています。

さらに「自ら求め、自ら探る」力を育む探究学習では、オリジナルテキストを用いた学習や「企業インターンワーク」に挑戦。高2ではゼミに所属して個人探究を行い、2月の探究発表会でその成果を発表します。

また、日大三の生徒は勉強以外の活動にも積極的に取り組みます。部活動の参加率は8割を超えており、仲間と切磋琢磨しながら文武両道の高校生活を送っています。

キャンパスは東京ドーム3個分の広さを誇り、創立100周年記念事業の一環でグラウンドが人工芝にリニューアルされるなど、進化を続ける日大三。そうした環境のなか、生徒は主体的に学ぶ姿勢を身につけ、目標の達成に向けて前進しています。

※本コーナーに記載されているサービス名、商品名は各社の商標または登録商標です

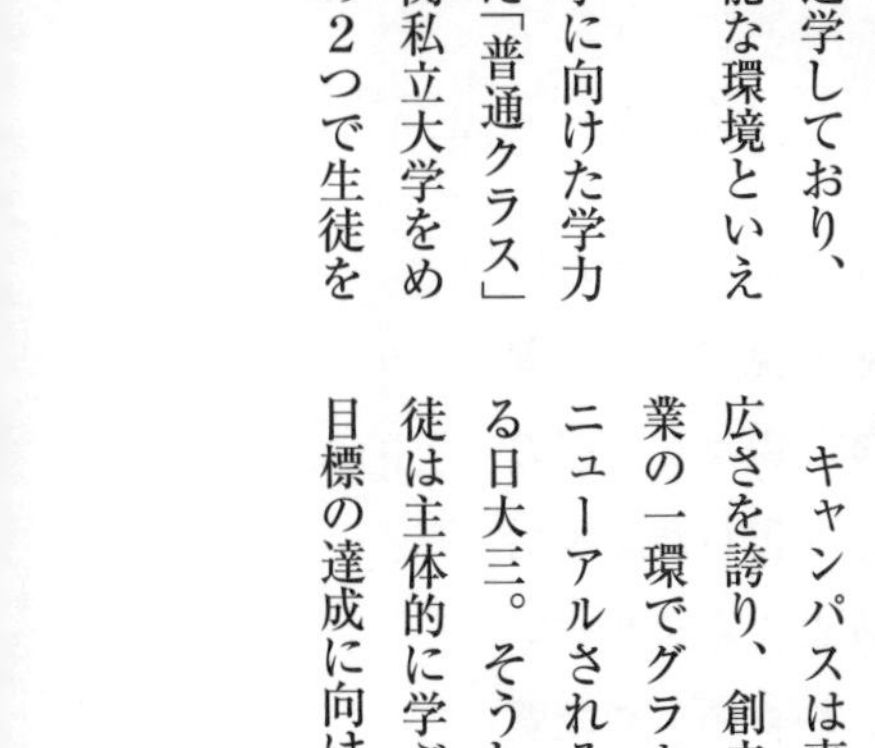

お役立ちアドバイス！

受験生へのアドバイス

たくさんある高校のなかからどうやって志望校を選んでいけばいいのかと悩んでいる受験生へ。

学校主催のイベントに参加したり、塾の先生に相談したりして「自分が行きたい学校」を選ぶことが肝心です。

Advice

首都圏には国立・公立・私立と、たくさんの高校があるので、志望校の選択に悩んでいる方は多いと思います。学校選択の基本は「自分が行きたい学校」を選ぶことです。まずは首都圏の高校を紹介している受験案内や通われている塾から提供される資料などを参考に、どんな高校があって、どんなことを学び、どんな活動をしているのかなどをよく調べてみましょう。

そしてある程度志望校を絞れてきたら、気になる学校の説明会やオープンキャンパス、文化祭・体育祭などのイベントにできるだけ足を運んで、自分の目で学校を見て、肌で雰囲気を感じることが大切です。色々な学校のイベントに参加するうちに、充実した高校生活が送れそうかどうか、なんとなくイメージできるようになるはずです。教育内容や校風はもちろん、校舎や通学時間なども大切な判断要素ですね。そして、最終的に自分で入学したい学校を決めましょう。弊誌も様々な学校の情報を発信していますので、参考にしていただければ嬉しく思います。

知って得する

保護者へのアドバイス

高校の「総合的な探究の時間」ではどのような学びをするのだろうかと心配されている保護者の方へ。

様々な問題について自ら課題を設定し、主体的・協働的にその解決方法を探究していきます。

Advice

高校では、2022年度より学習指導要領が改定され、必修科目として「総合的な探究の時間」が設けられています。この授業では、それまで「総合的な学習の時間」に行われていた探究学習が高度化され、より主体的・対話的な深い学びとして実践されています。

「総合的な学習の時間」では、横断的・総合的な学習を行うことを通して、よりよく課題を解決し、自己の生き方を考える能力を身につけることが目標とされてきましたが、「総合的な探究の時間」では、「より主体的に課題設定をすること」「自らの生き方、考え方や行動などといった自分の在り方を考えること」、そして「他者と協働して探究を進めること」などを重要視しています。半年から1年以上をかけて課題解決に向けた探究学習を進めていき、思考力・判断力・表現力を養い、主体性を持って多様な人々と協働することの重要性などを学んでいきます。

最近では、自分が行った探究の成果を、大学の総合型選抜や学校推薦型選抜に利用する生徒が増えているようです。

法政《ほうせい》大学《だいがく》国際《こくさい》高等学校

神奈川　共学校

問題

次の英文を読み、意味が通るように①～④の［　］内の語（句）を並び替え、それぞれ（Ａ）（Ｂ）に入るものを記号で答えなさい。

1．Tom : What happened? You were not in the class this morning, were you?

Mary : I moved to Chiba Prefecture last month and ①[ア a long time /イ it /ウ get to /エ takes /オ to /カ me] university now. I have to leave my house about an hour earlier than before. I often miss my first class of the day. Actually, ②[ア how /イ I /ウ was /エ realize /オ far /カ didn't/キ the university].

Tom : Then, why don't you rent an apartment near the university? Or do you want to stay with your family?

①（　）（　）（Ａ）（　）（Ｂ）（　）

②（　）（　）（　）（Ａ）（　）（　）（Ｂ）

2．Today, I am going to talk about original Japanese sports. Judo ③[ア many /イ one /ウ is /エ practiced /オ Japanese sport /カ in /キ countries]. Japanese words such as "*hajime!*" and "*yame!*" are used in international matches. "Portball" was also born in Japan and it is often played in Japanese elementary schools. But I think that ④[ア who /イ foreigners /ウ there /エ few /オ have/カ are] heard of the sport.

③（　）（Ａ）（　）（Ｂ）（　）（　）（　）

④（　）（　）（Ａ）（　）（Ｂ）（　）

解答　1①A：カ　B：オ　②A：ア　B：ウ　2③A：イ　B：エ　④A：エ　B：ア

●神奈川県横浜市鶴見区岸谷1-13-1
●045-571-4482
●京急線「生麦駅」徒歩５分
●https://kokusai-high.ws.hosei.ac.jp/

【夏季学校見学会】要予約
８月上旬～中旬

【学校説明会】要予約
８月上旬　土曜日★
10月～11月　土曜日
★はIBコース対象

詳細は５月ごろHPにて公開

巣鴨《すがも》高等学校

東京　男子校

問題

下図のようにx座標が-2の点Aで、放物線$y=x^2$と双曲線$y=\frac{a}{x}$（$a<0$）が交わっています。放物線$y=x^2$上に点B（1, 1）をとり、直線ABと双曲線$y=\frac{a}{x}$の点Aと異なる交点をC、直線ABとy軸との交点をDとします。このとき、次の各問いに答えなさい。

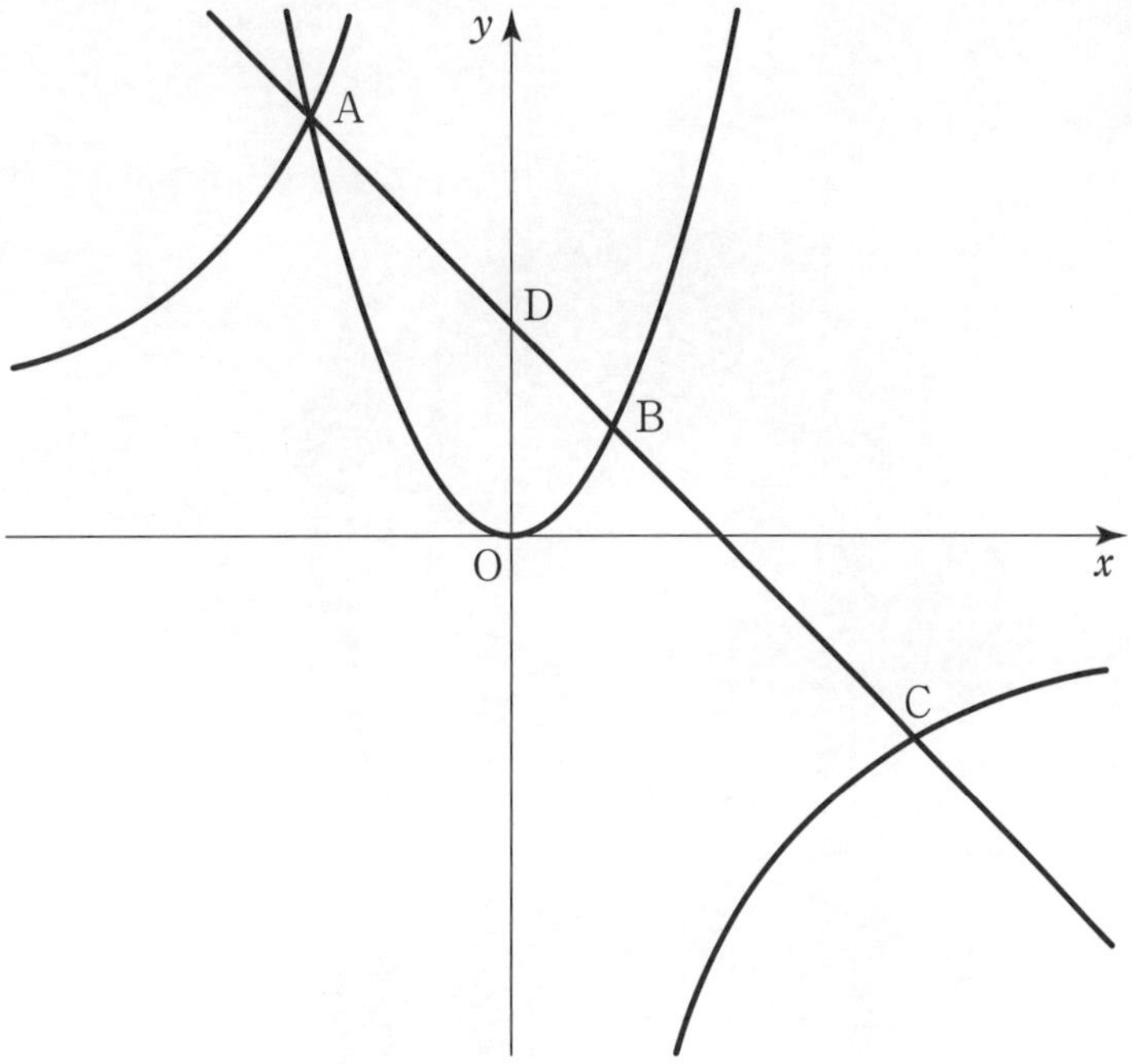

（1）定数aの値を求めなさい。

（2）直線ABの式を求めなさい。

以下、原点に関して点Aと対称な点をEとします。

（3）△ACEの面積を求めなさい。

（4）点Pは放物線$y=x^2$上を点Aから点Bまで動きます。直線DPが△ACEを２つの部分に分け、その２つの部分の面積比が２：１になるときの点Pのx座標をすべて求めなさい。

解答例　（1）-8　（2）$y=-x+2$　（3）12　（4）$\frac{-3+\sqrt{17}}{2}$, $\frac{-5+\sqrt{97}}{6}$

●東京都豊島区上池袋1-21-1
●03-3918-5311
●都電荒川線「巣鴨新田駅」徒歩8分、東武東上線「北池袋駅」・JR山手線「大塚駅」徒歩10分
●https://www.sugamo.ed.jp/

【学校説明会】要予約
6月1日（土）
10月5日（土）
11月16日（土）
すべて10:00～

SSH
GOOD!
SMASH!
ICHIKAWA
HI!
COOL
市川

〈PR〉

国際交流から探究活動の深化へ
「麗澤の学びは、世界《セカイ》が教室。」

麗澤《れいたく》高等学校［共学校］

感謝の心をもち、世界に貢献する人間を育成するという創立者の思いが脈々と受け継がれている麗澤高等学校。生徒一人ひとりの進路探究の深化と進路目標の達成を実現させます。

［2024年オープンキャンパス］

第1回　3月20日㊌㊗13:30〜16:30

対象：中学2年生（新中学3年生）・保護者
内容：授業体験、学校紹介、施設見学など
現役の高校生がご案内します。

※参加希望の方は、学校HPよりご予約ください。

School Information

Address：千葉県柏市光ヶ丘2-1-1
ＴＥＬ：04-7173-3700
ＵＲＬ：https://www.hs.reitaku.jp/
Access：JR常磐線「南柏」バス５分

創立以来の理念が息づく進路探究

麗澤高等学校（以下、麗澤）は、昭和10年に創立者・廣池千九郎が前身となる学校を設立して以来、一貫して道徳教育による品性向上とともに、国際社会で活躍できるリーダーシップの育成を掲げてきました。

今年度は、コロナ禍がようやく収束を見せ始めたのに伴い、本来重視してきた国際交流をますます積極的に進めています。

夏休みには、希望者が参加する海外語学研修が多く企画され、イギリス、カナダ、オーストラリアに80名を超える生徒が参加しました。冬休みには、貧困地域の視察や恵まれない子どもたちが暮らす施設での滞在やボランティアをプログラムに含めた、タイ・スタディツアーにも希望者が参加しました。

ブラジルの提携校との交流

また、来校する団体も多くあり、4月には高校女子ラグビーのニュージーランド代表チームの10数名が、6月にはオーストラリアの提携校から20名以上の高校生が、さらに7月にはブラジルの提携校から30名以上の高校生が来校しました。こういった来校団体がある度に、麗澤の生徒はホストとしての役割を果たしながらコミュニケーションを重ね、異文化理解や国際的な課題への視点を養っていきます。

こうした体験によって、生徒は改めて自分自身を見つめ直すとともに、進むべき進路を国際的な視野からも探究していくことができます。

高1から始まるキャリア・進路プログラム

麗澤は3年間を通してコース制を導入しています。高1は、高入生のみで構成する「叡智スーパー特進コース」と「叡智特選コース」、高2・高3は、一貫生と混成の「叡智ＴＫ（国立強化コース）」、「叡智ＳＫ（私立国公立強化コース）」の2コースに分かれます。当然、高1の間に、高2からのコース選択や科目選択を決めていく必要があり、高2の間には、志望大学の候補を考えながら、受験科目を選択し、強化していく必要があります。

こうしたコース・科目選択を進めるに当たって、重要かつ大きな役割を果たしているのが、「自分《ゆめ》プロジェクト」という3年間を通じたキャリア・進学支援プログラムです。

職業研究、大学研究を継続的に行うとともに、卒業生の社会人講師による職業別講演会（高1・高2対象）や、大学出張講義（高2対象）、大学教養講座（高3対象）などを通して、自分の進むべき進路を定め、深化させていきます。

職業別講演会

建学の精神を脈々と受け継ぎ、心の力を育みながら、日本人として国際社会に貢献できる、次世代のリーダーを育成している麗澤高等学校です。

高い基礎学力と母語の運用能力を身につけ、英語と第二外国語を用いて自らの思考を表現し、問題解決能力を養う

神田女学園高等学校《かんだじょがくえんこうとうがっこう》

女子校

神田女学園高等学校では、社会に出た際にアドバンテージとなる第二外国語の習得も可能なカリキュラムを編成しています。英語と第二外国語を習得することにより、多様な価値観に触れ、現代社会の諸問題を発見、解決していく力を養います。さらに、大学や社会とのかかわりのなかで、探究していく力も身につけられる革新的な女子校です。生徒たちは主体的な学校生活を送り、大きく成長していきます。

〒101-0064　東京都千代田区神田猿楽町2-3-6
tel.03-6383-3751　fax.03-3233-1890　https://www.kandajogakuen.ed.jp/

「水道橋駅」徒歩５分（JR総武線／都営三田線）「神保町駅」徒歩５分（地下鉄半蔵門線／都営三田線・新宿線）
「御茶ノ水駅」徒歩10分（JR中央線／地下鉄丸ノ内線）「新御茶ノ水駅」徒歩12分（地下鉄千代田線）
「九段下駅」徒歩12分（地下鉄東西線）「後楽園駅」徒歩12分（地下鉄丸ノ内線・南北線）

多様な価値観を深く理解する「多言語教育」

神田女学園高等学校（以下、神田女学園）では、多言語教育として母語＋英語＋第二外国語の３ヵ国語を学んでいます。「各言語の背景には多様な価値観があります。様々な言語を学習し、多種多様な人々の考え方の違いや個性を深く理解することで、すでにグローバル化している現代社会でよりよく生きる力を身につけることができるのです。しかし、様々な言語が話せるだけでは足りません。これからは色々な言語でコミュニケーションを取り、ディスカッションをし、自ら考えたことを伝える力が求められています。そのために必要なのは母語の運用能力です。神田女学園ではネイティブとバイリンガル教員が20名以上いるという教育環境のもと、言語運用能力とコミュニケーション能力、多様化に対する理解力を高めています」と語るのは学校長の芦澤康宏先生です。第二外国語は韓国語・中国語・フランス語・日本語（帰国生対象）のなかから1言語を選びます。

芦澤康宏《あしざわやすひろ》 校長先生

生徒主体の行事で充実した学校生活を創り上げる

神田女学園では、周りとのコミュニケーションが取りやすい女子校という特性を活かして、生徒自らが学校生活に主体的にかかわり、意欲的に行動することができる環境を整えています。生徒会が中心となり、生徒にとって一番よい教育環境とはどのようなものかを、生徒自身が考え、創り上げていきます。生徒からの提案で、これまで学校生活の多くのことが改善されてきました。文化祭・体育祭・芸術祭をはじめとする様々な学校行事も、生徒の主導で企画・開催されています。このような環境により、一人ひとりが充実した学校生活を送ることができるのです。

探究学習を高大教育連携でさらに深める

神田女学園では9年前から「NCL Project（ニコルプロジェクト）」という探究学習が行われています。NCLはそれぞれ自然（Nature）・文化（Culture）・生命（Life）の頭文字で、社会のあらゆる課題のなかから自ら考えた疑問や今ある課題を見つけ、仮説をベースにグループや個人で調べ、成果物（レポートなど）を作成する協働探究型の学習スタイルです。生徒一人ひとりが探究テーマを設定するため、その学問分野は多岐にわたります。テーマは年度ごとに設定しますが、生徒によっては3年間同じテーマで探究を進めるため、成果物は非常に高いレベルのものになります。

このニコルプロジェクトに、高大教育連携協定を結んだおよそ60校の大学が協力をしています。大学でしか学ぶことができない知識や視点に触れる機会が多く設けられており、生徒は現代社会の諸問題を発見し、解決していく力を十分に養うことができるでしょう。

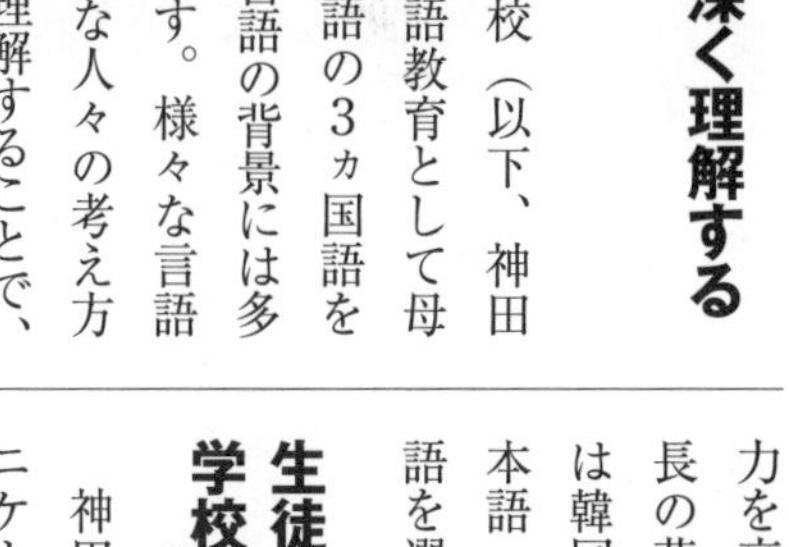

亀田医療大学との高大連携プログラムの様子

成蹊高等学校（共学校）

探究活動から始まる「0《ゼロ》 to《トゥ》 1《ワン》」

これからの時代を見据えたPBL型の探究活動を推進する成蹊高等学校。
今回は、昨年度から新たに始めた2つの探究活動とターム留学の様子をご紹介します。

楽しみながら主体的に学ぶ「学習旅行×探究」

成蹊高等学校（以下、成蹊）は、本物に触れる学びから幅広い教養を身につけることにより、解答のない社会であっても、新たなものを創造する「0 to 1」の発想を持つ人材の育成に力を入れています。

「本校は30年ほど前から独自の探究学習を行っています。これからはいまの時代に合った内容にブラッシュアップして生徒の主体性がもっと発揮できるような取り組みを行っていきます」と語る仙田直人校長先生。昨年度から新たに取り組まれたのは、「学習旅行×探究」。コロナ禍でここ数年中止になっていた高2学習旅行の行き先を高1全員で探究しながら考える企画です。

「学習旅行×探究」では、高1の全生徒を88班に分け、一昨年10月から生徒が主体となり学習旅行のコンセプトに沿った旅行案を考えました。昨年2月に選抜されたクラス代表8組と教員推薦1組が生徒や旅行業者に向けてプレゼンテーションを実施。結果、日程や料金などを考慮し7組の案が検討されることになりました。その旅行先は、日本の農業の未来について考える青森方面やSDGsを学ぶ沖縄方面など全国各地にわたっており、今年度の7月・8月・12月に分散して実施されました。

「『学習旅行×探究』を生徒は楽しんで取り組みましたが、一方で多様な意見を集約する難しさも体験したと思います。人の心を動かすプレゼンテーションの重要性もわかったと感じています。今後も探究学習と絡めながら生徒主体のプランで学習旅行を行っていきたいと考えています」と仙田校長先生。今回採用されなかった班のなかには、自分たちの企画を自分たちだけで実行する班もいるそうです。

スタートアップキャンプ In 五島列島

一昨年度から始めたアントレプレナーシップを養成するスタートアップ講座ですが、昨年度は学校を飛び出し、五島列島の福江島をフィールドにしたPBL型研修として開催されました。昨年度8月に4泊5日の行程で実施されたこの研修は、自分たちで事前に考えてきた課題に対し、福江島の方々へヒアリングを行い、その課題を検証し、そのうえで解決策を考え現地の方にプレゼンテーションするという探究活動です。今回参加した12名は3班に分かれ、それぞれにテーマを設定し、事前の探究活動を行い、現地研修に臨みました。

現地1・2日目は、堂崎天主堂や高浜ビーチを見学、椿油や塩の生産者にインタビューするなど、福江島の色々な場所を巡りました。3日目は班ごとのテーマに沿って五島市役所や五島市観光協会へのヒアリング、長崎県立五島高校とのディスカッション、ドローンを活用した医療事業者との話し合いなどを精力的に行い、夜は宿泊所で課題解決に向けたブレインストーミングを重ねました。そして4日目の午後に各班による課題解決の提案を現地の方に向けてプレゼンテーションしました。

成蹊生のお気に入りスポットのケヤキ並木を通って通学します。

それぞれに工夫された「学習旅行×探究」のプレゼンテーションの様子。

ターム留学。現地校では、担当教員がサポートしてくれ心強い。

五島高校の生徒と教育の課題についてディスカッションする様子。

五島列島で行われたスタートアップキャンプ、「さとうのしお」の皆さんと。

「初めて訪れるフィールドで、課題解決に向けてどんな提案ができるだろうかという、そのワクワク感が楽しかったという生徒の声がとても印象的でした。この研修は2学期以降も継続しており、課題解決に向けた新たな提案が生まれてくることを期待しています」（仙田校長先生）

従来の海外研修に加え カナダ・ターム留学を開始

成蹊では、2023年1月から約9週間の日程でカナダ・ターム留学を開始しました。1学期及び2学期の成績が一定以上あれば進級を認めるスキームを採用し、今回は高1・高2の22名が参加しました。

留学期間中はホームステイをしながら、最初の3週間はバンクーバー市内の語学学校で様々な国の人たちと一緒に英語を学び、その後バンクーバー郊外のアボッツフォードで6週間現地の高校に入って学校生活を過ごしました。

留学した生徒からは、「語学力の向上以上に異文化を体験したことが大きな経験になった」「一歩踏み出す勇気がどれほど大切かが身に染みて分かった」「これからどんな人生を送れるかは自分次第だ」など、この留学を通して成長した様子が数多く報告されています。

最後に、成蹊の未来について仙田校長先生にうかがいました。

「いま国内で行っている探究学習を、今後は本校の国際理解教育と絡めて海外で実施したいと考えています。そこで本物のアントレプレナーシップに触れ、スタートアップで成功した人たちの発想も学んでほしいのです。物事の常識にとらわれることなく、卒業後も『0 to 1』の精神を忘れず、世界をフィールドにそれぞれの探究を続けてくれれば嬉しいです。そこに本校がめざす未来があると確信しています」（仙田校長先生）

成蹊大学へは約3割、東京大学をはじめとした他の難関国公立・私立大学へ約7割が進学する成蹊。首都圏で、いまもっとも活気あふれる高校の1つです。

学校説明会
6月、10月、11月(予定)

蹊祭（文化祭）
9月(予定)

学校情報

所在地：東京都武蔵野市吉祥寺北町3-10-13
アクセス：JR中央線ほか「吉祥寺駅」徒歩15分またはバス、西武新宿線「武蔵関駅」徒歩20分、JR中央線ほか「三鷹駅」・西武新宿線「西武柳沢駅」バス
TEL：0422-37-3818
URL：https://www.seikei.ac.jp/jsh/

学習とクラブ活動に思いきり取り組める環境
全員が同じスタートラインから第1志望大学をめざす

保善高等学校［男子校］

HOZEN HIGH SCHOOL

School Information

所在地：東京都新宿区大久保3-6-2
アクセス：地下鉄副都心線「西早稲田駅」徒歩7分、JR山手線・西武新宿線・地下鉄東西線「高田馬場駅」徒歩8分
TEL：03-3209-8756
URL：https://hozen.ed.jp/

クラブ活動が盛んなことで知られる保善高等学校。運動部だけでなく、文化部も盛んで、生徒は伸びのびと自分の好きなことに打ち込んでいます。その一方で、1年次から個々の進路に合わせたクラスを編成し、将来を見据えた充実した進路指導を徹底しています。

【タイアップ記事】

創立から100年の歴史を誇る保善高等学校（以下、保善）。東京・高田馬場という都心に位置しながらも緑に囲まれたキャンパスには、恵まれた運動施設や学習施設が整えられており、こうした環境のもとで生徒は文武両道に励み、近年、大学合格実績を伸ばしています。

1年次から3クラスに分かれ高い意識を持ち学習に励む

「本校は併設する中学校も大学もない単独校です。生徒は入学するとみな同じスタートラインに立ち、1年次から第1志望の大学へ合格するという高い意識を持って学校生活を送っています」と入試広報部長の鈴木裕先生が話されるように、保善では、1年次から大学受験を意識したクラスが編成されます。それが「特別進学クラス」「大進選抜クラス」「大学進学クラス」の3つです。

「特別進学クラス」は国公立大学や難関私立大学への進学をめざします。週2回の7時限授業、国公立大学の5教科7科目入試や医・歯・薬系の入試に対応できるカリキュラムが組まれているのが特徴です。

「大進選抜クラス」は、G-MARCHレベルの大学合格を目標とします。これまでも早稲田大学・慶應義塾大学などの難関私立大学にも現役で合格結果を残してきました。

また、2017年度から特別進学クラスで総合的な探究の時間を使った新しいプログラム「未来考動塾」を実施しています。

これは、知識をただ持っているだけではなく、その知識をどう活かすかが問われる場面が多くなっている現代社会を生き抜くために、「しなやかな知性」「豊かな感性」を磨くことを目的としているプログラムです。

「高1ではあるテーマについて個人、グループで調査をしたり、ディスカッションをしたりしながら、最終的に年2回のプレゼンテーションを行います。そのなかで『知の技法』を学んでいきます。

高2は、『知の深化』を目的に、12月の沖縄での修学旅行に合わせて、沖縄についての事前学習を様々な角度から行います。

高3では、集大成として、卒業論文の執筆を通して『知の創造』を実践しています」と鈴木先生は説明されます。

「大学進学クラス」は中堅以上の私立大学への進学をめざします。基

礎学力を確実に養いながら、選択科目を多く用意し、個々の進路に合わせた指導を展開しています。

進級時に上位クラスを希望する生徒には、特進統一テストを実施し、条件を満たせば移動が可能です。

「わかるまで、納得するまで生徒と向き合う」というのが保善の教科指導であり、講習や補習が充実しているのも大きな魅力です。

放課後には各教科で補習が行われ、長期休暇にはクラスごとに習熟度別の講習が無償で用意されます。2022年度は、オンラインと対面でのべ170以上もの講習が実施されました。

また、大学受験に必要不可欠である英検®の学習にも、積極的に取り組むように促しており、全校生徒に年1回以上、受験することを推奨しています。

具体的には、通常の授業と英検対策とを連動させるために、全員に貸与されているiPadに「English 4skills」というアプリを導入し、英会話を伴う2次試験対策などに向けた、きめ細やかな指導を行っています。

あわせて、Webでフィリピン・セブ島の現地講師から直接英会話指導を受けられる「オンライン英会話レッスン」も実施。より実践的な英検2次試験対策にも有効活用されています。

運動部・文化部ともに盛ん クラブ加入者の進学率90％

「生徒にとってはあくまで勉強が第一ですが、クラブ活動も高校生活において大切です」と鈴木先生が話されるように、保善では、75％の生徒がクラブに加入しています。

運動部は全国大会をめざす強化指定クラブのラグビー部、バスケットボール部、空手道部、陸上競技部、サッカー部を含む14、文化部は20（同好会含む）の部があります。そのなかには、文学散歩部や知的ゲーム部などユニークなものもあり、必要以上に女子の目を気にすることなく、自分の好きなことに伸びのびと打ち込めるのは男子校のよさといえるでしょう。

クラブ活動に時間をとられると勉強がおろそかになってしまうのではという心配があるかもしれませんが、「クラブ活動をしている生徒は有効な時間の使い方を身につけています」と鈴木先生。その言葉通り、2023年3月の卒業生のうち、クラブ加入者の大学現役進学率は90％でした。

クラブ活動に積極的に取り組みながら、学習との両立で第1志望の大学をめざすことができる保善。最後に鈴木先生は「本校ではお互いの個性を認め尊重しあう、相手の気持ちや痛みをわかりあえる人材を育てています。みなさんも本校での3年間を通じて立派な男子へと成長できるはずです。文武両道を実践し、充実した学校生活を送りましょう」と話されました。

未来考動塾
高1では学習の成果として年に2回のプレゼンテーションを行います

運動部
サッカー部など、全国大会をめざす強化指定クラブを筆頭に、活発に活動する運動部

体育館（冷暖房完備）
2021年4月に体育館が冷暖房完備となり、教育環境がよりいっそう充実しました

学校説明会と個別受験相談　要Web予約

6月22日（土）　7月27日（土）　8月24日（土）　9月21日（土）
10月12日（土）　10月26日（土）　11月2日（土）　11月16日（土）
11月30日（土）　12月7日（土）
各10：00～

個別受験相談会　要Web予約

8月25日（日）　10月20日（日）　11月17日（日）
12月1日（日）　12月8日（日）　12月21日（土）
各10：00～15：00
12月2日（月）　12月3日（火）　12月4日（水）
12月5日（木）　12月6日（金）
各15：00～18：00
※日程は変更の可能性があります。4月以降に学校HPでご確認ください。

※本コーナーに記載されているサービス名、商品名は各社の商標または登録商標です

新しい自分に出逢える学校

国学院《こくがくいん》高等学校

国学院大学の歴史と伝統を受け継いだ真面目で穏やかな校風を持つ国学院高等学校。
勉強、部活動、学校行事に全力で取り組める全方向性を持った学校です。

大規模校だからこそ必要な「親身の指導」

1948年の開校以来、併設中学校のない高校単独校として、バランスのとれた全人教育に取り組む国学院高等学校（以下、国学院）。学校周辺の明治神宮外苑エリアでは、スポーツや文化施設など、東京の新しい魅力を発信するための再開発が進んでいます。

国学院は、1学年約600名の生徒が在籍する都内でも有数の大規模校で、青山という立地のよさもあり、毎年多くの受験生を集める人気校でもあります。高校入学時には、特進コースや選抜コースといったコース区分がないため、新入生全員が横にフラットな状態で高校生活をスタートすることができるのも、国学院の魅力の1つです。

「本校は生徒数が多いので、『親身の指導』をとても大切にしています。各教員が積極的に生徒とコミュニケーションを取ることが伝統となっていて、なかでも、年3回実施する面談週間では、各担任が生徒一人ひとりに寄り添い、時間をかけて様々な話をします。

また、本校はなにかに偏ることのない全方向性を持った学校なので、高校3年間で色々なことにチャレンジできます。学力だけではなく、社会で必要とされる力を身につけることができ、自分の新たな可能性をきっと見つけることができるはずです」と話されるのは入試広報部部長の谷崎美穂先生です。

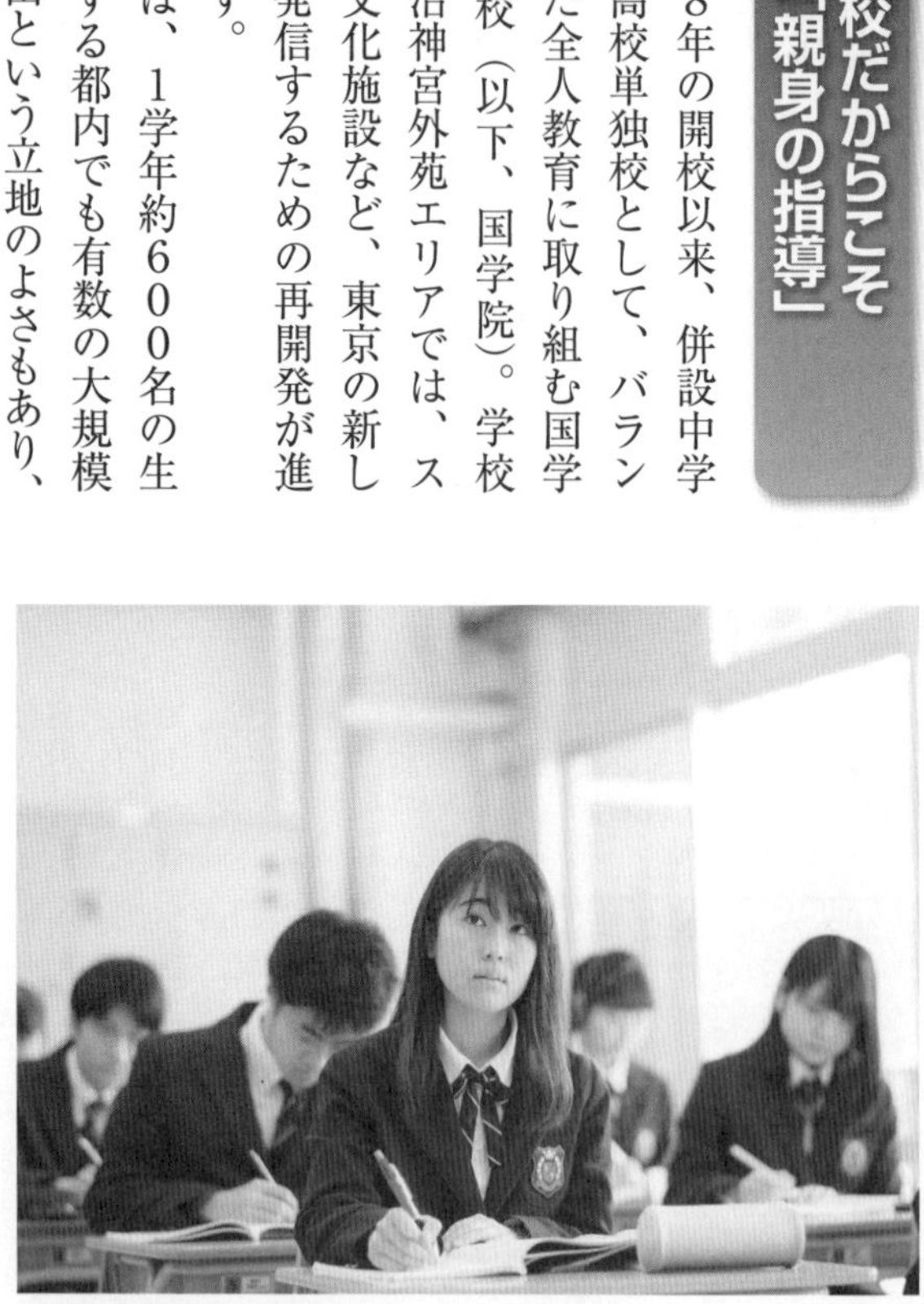
真面目で穏やかな校風

付属校&進学校の実力

国学院大学の付属校でありながら、都内でも屈指の進学校である点も魅力の1つです。

高校3年間の学習内容を見てみると、1年生は基礎学力と学習習慣をつけることを目的としたカリキュラムが中心で、2年生から文系・理系に分かれて大学受験を意識した授業に入ります。そして2年生は秋に実施する文化祭を境に本格的な受験モードに入り、3年生では学校推薦も含め、各々の進路目標の達成に向けた準備に取りかかります。

「大学受験に関しては、長期休暇中の講習や3年生の勉強合宿など、様々な学習機会を用意しています。一方、日々の生活のなかで最も大切にしている点は、授業への準備や取り組み方など、当たり前のことを、泥臭く、コツコツと取り組むよう指導していることです。小テストへの取り組みや課題提出についても、細かいことですが、徹底して指導しています」（谷崎先生）

国学院では、毎年、2割弱の生徒が無試験推薦で国学院大学へ進学していますが、その他8割強の生徒は、国公立大学をはじめとした難関大学へ果敢にチャレンジしています。2023年度大学入試でも高い合格実績を残しており、国公立大学・早慶上理88名、G-MARCH442名の生徒が現役で合格しています。

国内体験学習と海外研修を本格的に再開

多くの大学が英語民間試験の結果を入試に利用する傾向が高まっていることをふまえて、英検®への取り組みにも力を入れています。

1、2年生は年3回、3年生は年1回の英検受験を全員必修にしており、長期休暇中には英検講習を実施しています。外部講師による年5回（1、2年生は3回必修）の英検講習を通して、生徒全員の英語力の底上げを図りながら、高校卒業までに英検2級の取得をめざします。

また、コロナ禍で中止していた海外研修は昨年度の冬から順次再開しています。2023年夏にはオーストラリア・シドニー、カナダ・バンクーバー、シンガポールの3コース、12月にもオーストラリア・シドニー、シンガポールの2コースを実施するなど、以前にも増して充実した海外研修が展開されています。

国内で実施する宿泊型の体験学習も昨年度の冬から再開しました。国学院の伝統行事でもある「スキー教室」、歴史や文化、防災など自らテーマを決めて探究する「東北研修」、出雲を訪れて本格的なフィールドワークから日本文化を学ぶ「歴史教室」、歴史、文学の2つのテーマに分かれて仲間とともに探究する「京都研修」、そして国内研修の再開を機に初めて企画した「沖縄研修」を含めた5つの宿泊型イベントが、通常の学校行事として行われています。

「1学年に約600人の同級生がいますので、それぞれの個性も様々です。飾ることなく、そのままの自分でいられるはずです。学校行事も多く、部活動も運動部・文化部ともに豊富にありますので、自分の居場所を見つけて、高校3年間を思いっきり楽しむことのできる学校です」（谷崎先生）

■国学院高等学校（共学校）

所在地　東京都渋谷区神宮前2-2-3
TEL　03-3403-2331
https://www.kokugakuin.ed.jp/

＜アクセス＞
地下鉄銀座線「外苑前駅」徒歩5分
地下鉄大江戸線「国立競技場駅」徒歩12分
JR線「信濃町駅」「千駄ヶ谷駅」徒歩13分

※本コーナーに記載されているサービス名、商品名は各社の商標または登録商標です

茨城県 ● 共学校

茗《めい》溪《けい》学《がく》園《えん》高等学校

筑波大学、東京教育大学の同窓会「茗渓会」によって１９７９年に創立された茗渓学園高等学校。２０１１年にスーパーサイエンスハイスクール（ＳＳＨ）指定校、２０１７年に国際バカロレア（ＩＢ）認定校となりました。国内難関校はもちろん、海外大学への進学者も多く輩出するとともに、男子はラグビー、女子は剣道が「校技」とされている文武両道の学校です。今回は広報部長でＩＢ副コーディネーターの清沢健二先生にお話を伺いました。

国際生受け入れの伝統

優れた国際感覚と多様な価値観を持つ国際生は日本の宝であるという理念の下、創立以来40年以上にわたって帰国子女を受け入れてきました。現在では、全校生徒の5人に1人は海外生活の経験があります。

本校への入学後は、日本の学校環境に早くなじめるように、国際生と一般生の混合クラスとしていますが、英語を得意とする帰国生は英語特別クラス（ＥＥＣ）でさらなる英語力の向上を目指すことができます。

一方で、放課後の学習サポート「ＯＡＳＩＳ」や、寮で生活する生徒を対象とした有料の補習授業を受けることもできます。

国際生が海外滞在中に在籍していた学校は現地校、インターナショナルスクール（国際校）、日本人学校と様々ですが、ほとんどの生徒が自然に溶け込んでいます。

多言語での校内放送やポスター掲示など、日々の学校生活の中に国際的な感覚が反映されているのも本校らしい風景です。

自立した学びを促し国際感覚を養うプログラム

教育において最も大切なのは、生徒自身が自分でどのような人になりたいかを見定められるようになることにあると考えています。

本校においてその中心となっているのが「17才の卒論」と呼ばれる個人課題研究です。高校2年生全員が各自でテーマを定め、それぞれの課題に精通した指導者の下で1年間を通じて調査・研究を行います。

校内の図書室や実験施設にとどまらず、時には筑波大学や近隣の国立研究所、宇宙航空研究開発機構（ＪＡＸＡ）等を訪問して専門的な研究に取り組むこともあります。

過去には研究所との共同研究で筆頭著者として論文を発表した生徒もいました。

その他、異なるバックグラウンド

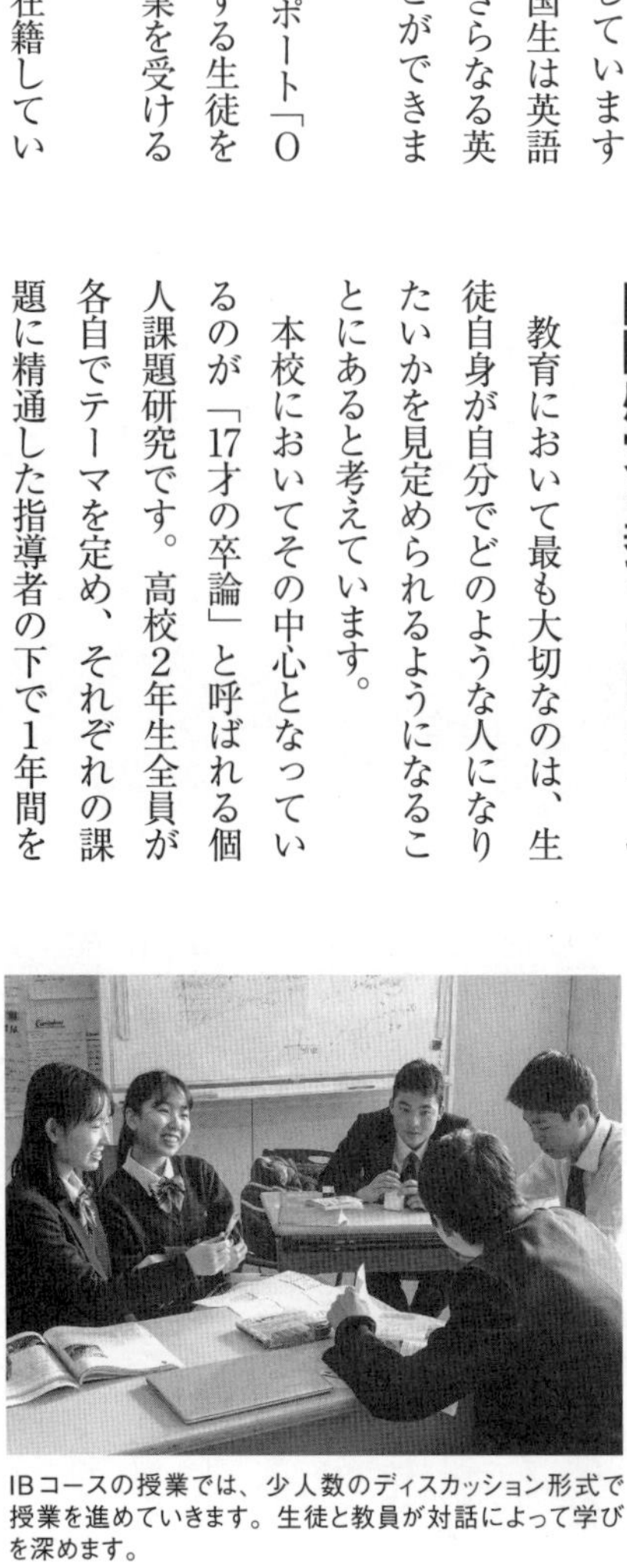
IBコースの授業では、少人数のディスカッション形式で授業を進めていきます。生徒と教員が対話によって学びを深めます。

広報部長
IB副コーディネーター
清沢 健二先生
（きよさわ　けんじ）

学び方に応じて選べるコースと世界に開かれた進路

入試の出願時に選べるコースとして、MG（茗溪ジェネラルクラス）とIB（国際バカロレア）の2コースに加え、2024年度からは高校からのAC（アカデミアクラス）がスタートしました。

MGコースでは実践を通して段階的に知識や思考力を積み重ねていくのに対して、ACコースではまず定的に知識や思考力を積み重ねていくのに対して、ACコースではまず定

を持つ同年代の人々との交流の機会として、海外からの留学生も積極的に受け入れています。

また、模擬国連やシンガポールでの海外研修、海外提携校への留学などの多彩な行事・プログラムを用意しています。

義や文法といった理論を学び、そこから学びを深めていく点が大きく異なります。

IBコースは、国際的なカリキュラムに沿ってディプロマ（大学入学資格）の取得を目指すコースです。そして、海外の学校に在学する者を対象としたC方式では、日本語エッセイによって選抜します。

同日には、IBコースでの受講を希望する受験生を対象とするIB生特別選抜も実施しますので、希望コースや得意な試験形態を選んで出願してください。

本校には多様性と自主性を重んじる校風があります。海外生、帰国生には、海外生活での経験をそのまま生かして活躍してほしいです。

自分にはどのような学び方が適しているかを考えてコースを選んでいただければと思います。

近年は卒業後の進路として、海外大学を選ぶ生徒が増えてきました。特に、IBコースからは8割が海外大学に進学し、アメリカやイギリス、カナダ、オーストラリアだけでなく、シンガポールやベルギー、フィンランドなど、世界中へ飛び立っています。

海外大学進学を希望する生徒のために、大学の担当者から直接話を聞く機会を設けたり、対話を通じて生徒が自分自身で最適な進路に気づく手助けをしたりしているほか、奨学金取得のサポートにも力を入れています。

インで受験する形式です。A方式はエッセイを含む英語の試験と日本語エッセイ、B方式は国語、数学、英語の3科目の筆記試験、

全世界から受験できるオンライン入試

11月に実施する国際生特別選抜入試は、3つの方式から選んでオンライン

新学期、あこがれの第一志望校への第一歩を！

　新年度が始まり、新しい学年での学習がスタートしました。

　高校入試では、各学年の学習単元からまんべんなく出題されることが多いため、受験はまだ先だという人も日々の積み重ねが重要になります。これは、海外生や帰国生であっ

ても変わりません。ほとんどの学校で、帰国生入試は一般入試と同様の問題が出題されるからです。

　加えて、志望校合格のためには正しい情報に基づいた準備も大切です。まずは「Web帰国生入試報告会」で最新の入試情報を集めましょう。

早稲田アカデミー国際部から

Web 帰国生入試報告会

帰国生入試をお考えの保護者様を対象に、最新の入試動向や対策についてお伝えします。映像は3/25（月）～5/31（金）の期間中、いつでもどこでもオンラインで視聴可能。Webサイトでお申し込み受付中です。

中学生の未来のために！
大学入試ここがポイント

これから高校、大学に進もうとするみなさんに、大学や大学入試の情報をお伝えするのがこのページの役目です。2月、東京大学が新たな「5年間一貫」の教育課程で学ぶ2027年「秋入学」の学生を募集することを発表しました。そう、いま中学生のあなたたちが迎える大学入試では、すでにスタートしているのです。

NEWS

東京大学が5年制の新課程を創設し2027年始動

求められる幅広い視点持つ多様な人材

文理融合型で半数は留学生

東京大学（以下、東京大）が2027年秋に、世界水準の研究や人材育成をめざす、5年間一貫の教育課程を創設する方針を固めたと、2月19日、新聞各紙が報じた。

この新たな教育課程は、新学部に相当する文理融合型の課程で、東京大が持つ教育・研究資源を最大限に活用するものとなる。

気候変動、生物多様性など、従来の縦割りの学問領域では解決が難しい地球規模の課題が頻出している現代にあって、解決策を導くことができる人材を育てることが目的という。

すべての授業は英語で展開

新課程の名称は「College of Design（カレッジ・オブ・デザイン）」（仮称）。欧米と同様、5年で修士号が取れるようにする。

当初は学部3年・大学院修士2年で検討されたが、学校教育法改正が必要と判明、学部4年・修士1年とする方針だ。つまり学部の4年間と修士の1年間を合わせた5年制が特徴となる。5年間で修士までを一貫して修了できる欧米の大学を参考にしている。

「カレッジ・オブ・デザイン」という名称には、社会変革につながる多様なデザインを学ぶ場との意味が込められており、5年間のうち1年間は、留学や企業でのインターンシップ（就業体験）など、学外での学びも課す方向だ。

定員は1学年100人ほどで、半数が日本の高校卒業生、あとの半数は海外からの留学生を想定、グローバルな学内環境となる。

留学生が主役といってもよく、世界中から優秀な学生を集めるため、欧米の大学で主流の「秋入学」とし、授業もすべて英語で行う。

性別や文化、経済的背景といった学生の多様性を重視し、従来の東京大の入試とは異なる選抜方法を検討している。

学ぶテーマは、学生自身が決め、そのために必要なら既存学部や大学院の授業も受講できる。

教授陣は、既存学部との兼任に加え、優れた研究成果や実績を持つ民間企業の研究員なども迎えるという。東京大独自の基金の運用益を活用し、海外からも一線級の研究者を招聘《しょうへい》する。

また、東京大の既存学部の学生も新課程の授業を受講できるようにする。学部や専攻分野にとらわれない自由な学びの場を提供し、多様な学生が、相互に刺激しあえるキャンパスを創出する。

東京大は2024年度中に「カ

発表された大学入学共通テスト平均点の最終結果

レッジ・オブ・デザイン」の入試概要を公表する方針だ。

後れを取る日本の大学

東京大が新たに「カレッジ・オブ・デザイン」を創設する背景には、国際化や多様性の面で海外の有力大学に後れを取っているとの危機感がある。この状況は日本の大学全体の悩みでもある。

東京大は2012年度にも、留学生向けの秋入学コースを設けるなどしている。また、25年後の2049年に学部の留学生比率30%、女性教員比率40%などの目標を掲げて国際化、多様化を進めているが、いま、学部の留学生割合は約2%にとどまる。英語で展開する授業も限られ、留学生たちの選択肢としての目が向けられていない現実を脱していない。

多様化も課題のままだ。留学生の少なさに限らず女子学生にしてもその数は伸びていない。東京大合格者は、首都圏の中高一貫校出身の男子が占め、女子は約2割にすぎない。

新課程は起爆剤となれるか

生物多様性、気候変動や社会のデジタル化など、課題は複雑・高度化しており、しかも国内にとどまらない。既存の学問や価値観だけでは解決は難しく、文系・理系などにもとらわれない、幅広い視点や発想を持った多様な人材が求められており、東京大はその要請に応えることを責務とする。

東京大はこれまでも秋入学への全面移行を模索するなど改革を試みてきたが、期待された成果は得られていない。

「カレッジ・オブ・デザイン」創設が東京大改革の起爆剤となって、世界トップクラスの大学に肩を並べることを期待したい。

共通テスト受験者数は45万7608人

大学入試センターは、1月13、14日実施の2024年度大学入学共通テスト（以下、共通テスト）の実施結果概要について、2月5日、最終集計を発表した。

受験者数は45万7608人、受験率（受験者数÷志願者数×100）は93・03%、受験率は前年度（2023年度）の92・48%と比べて0・55ポイント増加した。

平均受験科目数は5・67科目（1人が共通テストを受験した科目数）。各教科・科目の平均点などについても最終発表した。

◇

大学入試センターの最終集計によると各教科・科目の平均点は次の通り。

「国語」116・50点。

「地理歴史」世界史B 60・28点、日本史B 56・27点、地理B 65・74点。

「公民」倫理 56・44点、政治・経済 44・35点、現代社会 55・94点、倫理/政治・経済 61・26点。

「外国語」英語（リーディング）51・54点、英語（リスニング）67・24点。

「理科1」物理基礎 28・72点、化学基礎 27・31点、生物基礎 31・57点、地学基礎 35・56点。

「理科2」物理 62・97点、化学 54・77点、生物 54・82点、地学 56・62点。

「数学1」数学Ⅰ 34・62点、数学Ⅰ・A 51・38点。

「数学2」数学Ⅱ 35・43点、数学Ⅱ・B 57・74点。

このなかで政治・経済の44・35点（100点満点）がこの科目の過去最低点。過去最高点は地学基礎の35・56点（50点満点）と外国語の中国語172・08点（200満点）だった。

東大入試突破への現代文の習慣

東大入試を突破するためには特別な学習が必要？　そんなことはありません。身近な言葉を正しく理解し、その言葉をきっかけに考えを深めていくことが大切です。田中先生が、少しオトナの四字熟語・言い回しをわかりやすく解説します。

早稲田アカデミー教務企画顧問
田中としかね

東京大学文学部卒業
東京大学大学院人文科学研究科修士課程修了
専攻：教育社会学
著書に『中学入試 日本の歴史』『東大脳さんすうドリル』など多数。文京区議会議員。第48代文京区議会議長、特別区議会議長会会長を歴任。

田中先生の「今月のひと言」

「それはよかった」と考えることで、次の行動につなげることができます。

今月のオトナの言い回し

ピーキング

入試時期ともなると、受験生がいるご家庭の心配事は絶えません。なかでも「体調を崩してしまった」受験生の保護者の方の切羽詰まったご相談は、何度受けても胸が痛みます。

「先生、申し訳ございません。息子がインフルエンザにかかってしまって。私の責任です。息子にも申し訳なくて。どうしたらいいでしょうか」。もちろん、誰のせいでもありません。それでも、高熱を出して寝込んでいる我が子を前に、何もしてやれない無力を嘆いてご自分を責めていらっしゃる様子に対しては、「お母様のせいではありませんよ」とお声を掛けたところで気休めにもならないのです。

ここは、本当に冷静に対処することが求められます。薬を飲めばとりあえず熱が下がる場合もあるでしょう。だからといって無理をしてしまえば、ぶり返してしまって元も子もありません。勉強時間が確保できないことへの焦りは、受験生本人がいやというほど感じているはずです。「こんなことなら先に○○を終わらせておけばよかった、いや□□の方が重要だった……」と、病の床に伏していても、頭のなかでは無限ループのように次々と考えを巡らせてしまい、落ち着いて眠ることさえできないでしょう。やむにやまれず机に向かおうとする受験生がいることを、よく知っています。だめですよ、寝なく

ては。なぜなら、身体がウイルスと戦う免疫力を高めるためには、睡眠が何より重要になるからです。「眠くなる成分」を含んだ薬を、あえて調合してもらってください。まずは、治すことです。次に「何をするのか」を相談してください。一人で抱え込まずに、一緒に考えていけばいいのです。

「早めに疲れが取れてよかったね」。この言葉は、青山学院大学陸上競技部の原監督のものです。今年第１００回を迎えた箱根駅伝で、大会新記録を打ち立てて優勝を果たした青山学院大学です。「学生たちが１２０％の力を発揮してくれた。いやあ、私自身、こんなことを想定してなかった。たいしたもんですね。素晴らしいです」と、監督自身が驚くほどのパフォーマンスを選手たちは発揮してみせたのですが、実は大会の直前に部内でインフルエンザが流行してしまったのです。「大会に出ることはできても……」という状況に、監督も覚悟を決めていたそうです。選手たちも「もう本当に無理かな、と心が折れかけました」と言います。そのときに監督が選手に掛けた言葉が「それはよかった」なのです。

原監督が優勝インタビューで勝因を問われた際に、返した言葉が「ピーキングでしょ」というものでした。今回取り上げた言い回しですね。「ピーキング（peaking）」というのは、文字通り「ピーク（peak）」＝「最高潮」にもっていくことを意味しています。スポーツ選手などが重要な試合に向けてコンディションを最高の状態に近付けていくことを「ピーキング」と呼んでいます。選手のコンディションの維持というのは、フィジカル（体力）面はもちろんのこと、そのための栄養サポートだったり疲労の回復だったり、あるいはメンタル（精神）面のケアだったり……と、さまざまな要素によって成り立っていると考えられます。その多面的な要素を総合的に判断して、「一番いい状態」に整えていくことが求められるのですね。「休むときには休んだほうがいい」という判断も、決して気休めなどではなく、ピーキングにとっては必要なことなのです。スポーツだけではなく、受験勉強についても「一旦休憩」は絶対に必要です。頭の中に詰め込めるだけ詰め込んでテストを受けるというのは、出題範囲の決まった確認テストならまだしも、「何が出るかわからない」テストに対しては、やってはいけません。ちゃんと頭のなかで「こなれる」ように「寝かせる」必要があるのです。「寝ている間にしか記憶は定着しない」という、人間の頭の仕組みを知っておきましょう。

それでも、「自分で取ることを決めた休憩」ならば納得できるのでしょうが、「病気で寝込んでいる」という状況で、「これは休憩だ」と考えるのは難しいでしょう。なぜならば「自分で決めた」ことではないからです。人は「自分でコントロールできないこと」にとらわれがちです。渋滞に巻き込まれてイライラするのも、他人の行動で不機嫌になってしまうのも、自分では決められなかったことだからなのです。ではどうするか？　先ほどの原監督の言葉がヒントです。「それはよかった」と、つぶやくのです。ちっともよくないのですが、あえて「よかった」と言い切ることです。その後で「なぜならば」と続けてみましょう。「休憩を取ることができるから」と、自分で行動する内容を決めたように「脳」が錯覚を起こして

くれます。これも人間の頭の仕組みなのです。不測の事態、コントロール不能なことに、心を乱されないように。自分で起こせるアクションは何か？ コントロールできることを考える習慣を身につけましょう！

今月のオトナの四字熟語

大願成就

もう一つ、今の話のヒントとなるスポーツの話題を続けますね。慶應義塾高校が、夏の高校野球の甲子園大会で107年ぶりの優勝を果たしました。選手たちの笑顔が印象的でしたよね。それは、試合に勝ったから笑顔になった、というだけでなく、ピンチの場面でも選手たちが集まって笑顔で空を見上げるというシーンがたびたびあったことを指しています。これは明らかに意図的に起こしたアクションなのです。メンタルトレーニングの一環として習慣付けられているからこそ、本番でもできたことなのだと思います。慶應義塾高校野球部伝統の「エンジョイ・ベースボール」という合言葉に、実によくマッチしたスタイルです。

森林監督は試合前のミーティングで「四字熟語」をスローガンに掲げて伝えるそうです。初戦では「破顔一笑《はがんいっしょう》」、準々決勝戦は「勇往邁進《ゆうおうまいしん》」、そして決勝戦が「大願成就《たいがんじょうじゅ》」。せっかくですからそれぞれの四字熟語の意味を確認してみましょう。「破顔一笑」というのは「にっこりと笑うこと」ですよね。「破顔」は「顔をほころばせること」、「一笑」は「ちょっと笑うこと」という意味なのは、このコーナーでも取り上げて解説したことがありましたよね。「勇往邁進」というのは「恐れることなく、自分の目的・目標に向かって、ひたすら前進すること」です。「勇往」が「勇んで行くこと」、「邁進」が「止まらずに進むこと」を意味しています。そして「大願成就」は「大きな願いごとがかなうこと」ですよね。みごとにストーリー化されたイメージトレーニングが達成されています。「緊張する場面があっても、あえて笑顔をつくることで、前を向いて進もう！ 君たちには目標があるはずだ、恐れることは何もない！ 願いはきっとかなう！」。

実際にプレーするのは選手本人です。そして入学試験に臨むのも受験生本人です。コーチであれ、先生であれ、監督であれ、代わりにプレーすることも、受験することもできません。ただ、君たちがこの日のために努力を積み重ねてきたことを知っています。そしてこれまで伴走してきた我々は、その努力が報われる瞬間のイメージを君たちと共有しています。心の底から「大願成就」を祈っています。頑張れ、受験生！

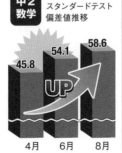

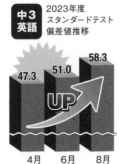

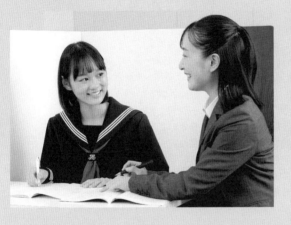

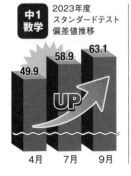

東京大学ってどんな大学？

2027年に創立150周年を迎える東京大学。
世界の大学ランキングでも常に日本最高位にランキングされる、まさに日本を代表する国立大学です。
でも、皆さんは東京大学がどのような大学か、具体的に知っていますか？
「知る」ことは、憧れを現実に変えるための第一歩。今回は、東京大学の歴史や入試制度について紹介します。

東京大学のココがすごい！

歴史

創立 1877年（明治10年）

東京大学は日本で最も長い歴史のある国立大学で、その起源は江戸時代にまでさかのぼります。江戸幕府によって開設された西洋の文書を翻訳するための学校「蕃書調所《ばんしょしらべじょ》」と、のちに幕府直轄となった天然痘《てんねんとう》の予防・治療のための施設「種痘所《しゅとうじょ》」がその始まりです。その後さまざまな変遷を経て、1877年に東京大学が誕生しました。

主なキャンパスは本郷地区・駒場地区・柏地区の３か所です！

明治時代の東京大学で教えた外国人

コンドル（建築家）
鹿鳴館《ろくめいかん》などを設計。また、後に日本銀行・東京駅などを設計した辰野金吾《たつのきんご》らを育成。

ラフカディオ・ハーン（文学者）
英語の作品を通して日本のことを世界に紹介。後に「小泉八雲《こいずみやくも》」の名で日本に帰化《きか》。

ナウマン（地質学者）
日本で世界初となるナウマンゾウの化石を研究。

モース（動物学者）
縄文時代後期の遺跡である大森貝塚を発見。

規模

東京大学には日本中から優秀な学生・研究者が集まり、日々切磋琢磨しています。

学生数 28,904名

教職員数 11,547名

蔵書数 9,987,896冊

海外交流

東京大学は国外にも多くの研究拠点を置き、また多くの外国人留学生を受け入れています。

海外拠点数 31か所

外国人留学生数 4,968名

授業のなかには、英語だけで進められるものもありますよ。

日本をリードする東大卒業生

ノーベル賞受賞者 13名

内閣総理大臣 16/64名

※数値は東京大学『東京大学の概要：資料編　2023』による

東京大学に入学するには?

東京大学の入学者選抜は、他の国公立大学と同じく「大学入学共通テスト（以下：共通テスト）」と「第2次学力試験」の二段階で実施されます。「第2次学力試験」は、学部ではなく六つの科類ごとに実施されます。この他に学部ごとに出願できる「学校推薦型選抜」という形式もありますが、特定の分野における卓越性が求められる"狭き門"といえます。

【令和7（2025）年度入試より】

大学入学共通テスト
（1000点満点）

文系・理系 とも
国語、地理歴史・公民、数学、理科、外国語、情報から **8科目**

110点に圧縮

＋

第2次学力試験
（440点満点）

文系 国語・数学・地理歴史・外国語

理系 国語・数学・理科・外国語
※理科三類の場合は面接あり

志願者が一定の倍率に達すると「共通テスト」成績による第1段階選抜が行われます。

合計550点満点で合否を決定

科 類
- 文科一類
- 文科二類
- 文科三類
- 理科一類
- 理科二類
- 理科三類

東大をはじめとする国公立大学では、幅広い科目の学習が必要！「共通テスト」の得点比率は低いですが、その成績で「第1段階選抜」が行われるから油断は大敵です。

東京大学の学び

東京大学は、大学4年間を「前期課程（2年）」「後期課程（2年）」に分けています。前期課程の間は全ての学生が「教養学部」に所属し、2年生前期まで科類ごとに学びます。その後、本人の希望と成績に応じて進学先が振り分けられ、後期課程では「法学部」「経済学部」などの学部に進みます。

教養学部　　主な進学先

- 文科一類
- 文科二類
- 文科三類
- 理科一類
- 理科二類
- 理科三類

- 法 学 部
- 経 済 学 部
- 文 学 部
- 教 育 学 部
- 教 養 学 部
- 工 学 部
- 理 学 部
- 農 学 部
- 薬 学 部
- 医 学 部

教養学部へは全ての科類から

科類ごとに主な進学先は決まっていますが、それ以外の学部に進学することも可能。なかには文系の科類から理系学部に進む人もいるんですよ。

早稲田アカデミー 大学受験部

池袋校　　　渋谷校　　　御茶ノ水校
たまプラーザ校　国分寺校　　荻窪校

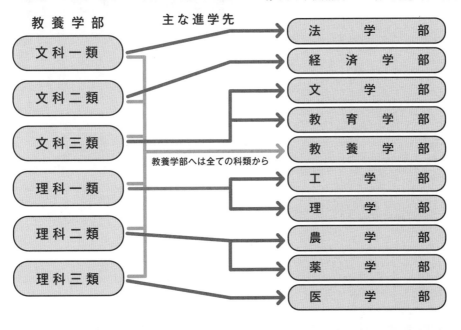

みんな、読まないと！

東大生まなのあれこれ

まなのプロフィール

東京大学教育学部・身体教育学コース所属の３年生。特技は乗馬。東大では、水泳部と「東京大学東大娘。」という東大の女子学生によるアイドルコピーダンスサークルで活動中。

東大合格の秘訣は乗馬経験？乗馬が私に教えてくれたこと

教育学部・身体教育学コース 人間の心技体を広く学ぶ

初めまして！　東大生コラムを担当することになった、まなです！　現在3年生で、教育学部・身体教育学コースに所属し、運動時の動作解析や記憶、認知についてなど、人間の心技体について幅広く勉強しています。

この分野を学ぼうと思った理由は、小学校から始めた習いごとにあります。それは、乗馬です。乗馬は身体の使い方やバランスがとても重要なので、大学の勉強を乗馬に活かせることがすごく楽しいです。乗馬を始めたきっかけは、家の近くの駅で配っていた、乗馬クラブのチラシを手に取ったことです。小中学生のときは、毎週末に馬と触れあうことを生きがいにするような日々を過ごしました。

さて、意外に思うかもしれませんが、私が東大に合格できたのは、乗馬のおかげでもあります。乗馬で培った経験を受験勉強に活かせたと感じたポイントを、3つご紹介します。

1つ目は、自分で考える力がつくことです。乗馬は、生きている馬を相手にするスポーツです。例えばテニスラケットのように、いつ触っても同じ形・硬さで、同じ反応が返ってくるものではありません。同じ馬に乗って同じ合図を送っても、日によって違う反応が返ってきたりしますが、それも乗馬のおもしろいところでもあるのです。

馬に乗るときは、馬の反応をよく観察しながら、馬に合図を送ります。前に進んでほしいときは、足で馬のお腹を挟み、停めたいときは、身体を起こして手綱を引っ張ります。こうした馬とのやりとりのなかで、馬の反応や気持ちを汲み取り、自分で考えて次の合図を出すのですが、これが簡単なように見えてじつはすごく難しいのです。

勉強をしていても、「この問題はできたのに、あの問題はなぜかできなかった」「一度は解けた問題が、もう一度やると解けない」という場面が出てくると思います。そうしたときは、自分の頭でしっかり考えて、原因を突き止め、対策する力がとても大切です。私はこの力を乗馬を通して培うことができたと感じています。

←乗馬クラブで初めて馬に乗った小学生時代のまな。もともと、動物好きだったこともあり、乗馬の楽しさにはまっていきました。

できなかった原因を探る作業は、前向きに取り組みにくいかもしれませんが、だからこそ成績アップを狙えるポイントでもあります。また、いまはネット上にもたくさんの情報が載っているので、自分で調べることでいままでにない視点を得られるかもしれません。私の場合は、現代文が大の苦手で、たくさん問題集を解いてもまったく伸びずに苦しんだのですが、ネットに載っていた情報でそれが解決したこともあります。自分で考えて、解決方法を試してほしいです！

熱中できることに全力で取り組んでほしい

2つ目は、歳の離れた人とも仲よく話せることです。私の通っていた乗馬クラブは40～60代の年齢層の方が多く、小学生の自分からするとかなり歳が離れていました。最初はとまどいましたが、いっしょに馬の手入れなどをするうちに、自然と大人の方とも臆せず話せるようになりました。

この経験があったため、学校や塾の先生とも自然と親しくなれました。先生と仲よくなることは、成績を上げるのにとても大事なことです。例えば、尋ねるのが恥ずかしいような簡単な質問でも、仲がよくて話しやすい先生であれば、気軽に聞くことができます。

自分で考えてもどうしてもわからない問題は、友だちや先生に聞いて解決すれば効率的に勉強できます。勇気がいると思いますが、次の試験で同じ問題が出たときに、解けない方が恥ずかしいと思って、ぜひ周りの人に質問してみてください！

3つ目は、物事に意欲的に取り組めるようになったことです。みなさんは、心から好きなものや熱中していることはありますか？　勉強ではなくても、部活動や学校行事など、なにか熱中できることを持つのが大切だと思います。それが私の場合は乗馬でした。

目の前の事柄に全力で取り組める人は、受験を間近に控えたときには、自然とその熱量を受験勉強に持っていけるようになると思います。東大生のなかには、高3の夏に部活動を引退してから一気に学力を伸ばして合格した人もいます。そうした人の多くは、勉強と両立させつつ、部活動にも全力だったそうです。つまり、なにかに全力で取り組める人はエンジンがかかると、ものすごく大きな力を発揮できるということです。勉強が好きな人もいれば、苦手な人もいると思いますが、まずは自分が好きなことからでいいので、とにかく目の前のことに全力を出す、ということを意識してみてください。

最後に、これからこのコラムのなかでみなさんとお会いできるのを楽しみにしています。受験勉強の息抜きに読んでもらえると嬉しいです。

キャンパスデイズ 十人十色

神戸大学

国際人間科学部　1年生

中西《なかにし》　潤《じゅん》さん

様々な問題について考え
相手を受け入れる素地を身につける

大学で学んだことを現場で活かすために

Q　神戸大学国際人間科学部環境共生学科を志望した理由を教えてください。

もともとスポーツ観戦やデータ収集が好きで、それについて勉強できるところを探して、神戸大学の国際人間科学部を知り、志望するようになりました。

Q　この学部・学科ではおもにどのようなことを学んでいますか。

環境問題、移民問題、日本の人口減少問題など、様々なテーマを共通問題として考え、それを解決するために、どのようにアプローチしていくのかを学んでいます。全体的に、グローバルイシュー（地球規模での解決が必要な問題）はどういったものがあるのかを調べ、その解決策を考えて発表する講義が多く、実際に学んだことを現場で実践してみることに重きをおいている学科だと感じました。

また、国際人間科学部は海外研修が必須で、コロナ禍ではオンラインだけだったそうですが、現在は以前のように、1～2週間ほど海外に行きます。研修先はアメリカ、ヨーロッパ、アフリカと世界各国から選べます。

研修を通して、海外の人とコミュニケーションを取りながら協力すること、そして、実際に大学で学んだことを活かせるかを重視しています。海外研修は基本的に2年次に行くので、私もどこの国のどの都市にするのかを考えています。

英語の講義では、いくつかのテーマのなかから選び、そのテーマの現状と解決策を英語でプレゼンテーションすることもありました。私は教員免許の取得を考えていたので、日

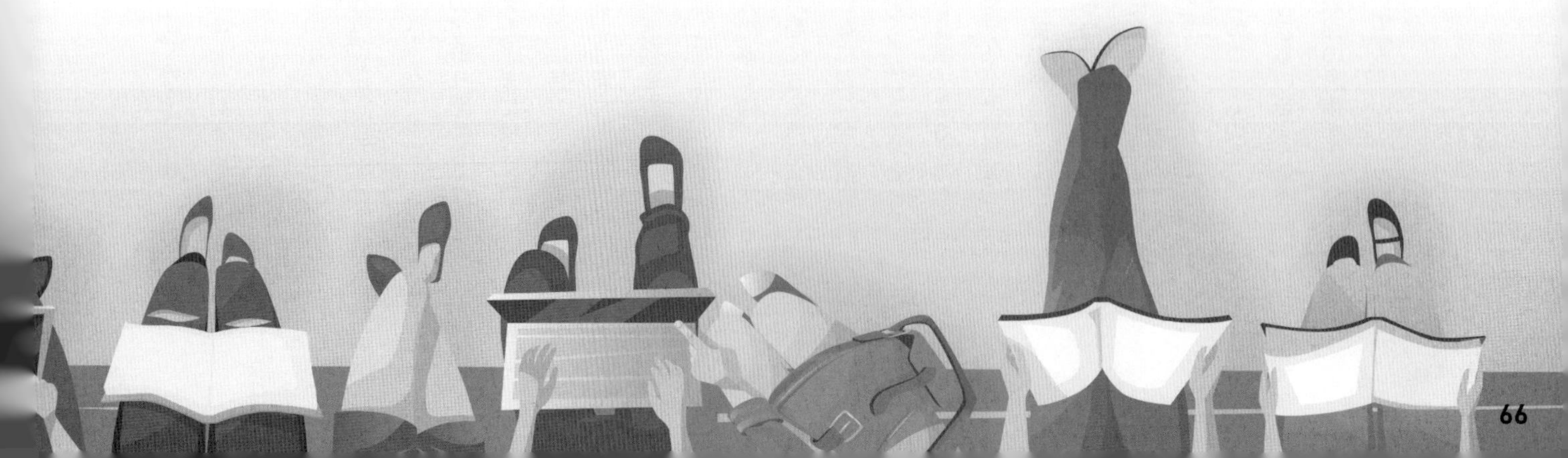

本の教育について調べて発表しました。比較のために、フィンランド出身の先生に現地の状況などを聞くこともしました。

Q 印象に残った講義はありますか。

文化人類学の講義です。講義内容は、文化には優劣がないというのが大前提で、それぞれの文化がなにを重視しているのかが言語化されていて、すごくわかりやすかったです。

いまは多様性の時代といわれているので、こうした講義が、異なる文化を受け入れるための素地になりました。講義を通して、ほかの国の人や文化を自然と尊重できるようになったと思っています。自分の視野が広がっている感覚もありました。

好きなことを仕事にするために苦手分野にもチャレンジ

Q 将来の目標を教えてください。

最近は、とくにスポーツ系の仕事に興味があります。昔からプロ野球のオリックス・バファローズが好きで、よく球場に行き試合を観戦しているので、野球にかかわる仕事ができたらと思っています。

大学の海外研修で、アメリカを選べるので、そこで本場の球場を見てみたいです。大学の研修の一環だからこそ、普段はなかなか話を聞けない現地球団の幹部にも会えるようで、そこで色々なことを聞いて、将来につなげられたらと考えています。

もともと数学は苦手教科ですが、分析にかかわる数学でスポーツをみるのはとてもおもしろく、大学ではスポーツの分析につながるような講義も受けています。統計学の講義は専門用語が多いので大変ですが、点と点がつながって線になったときはスッキリします。

また、アメリカの球団はチームの魅せ方に力を入れていて、研修で訪れた際には、どのように魅力を発信しているのかも学びたいです。

スポーツを通じて、だれかの人生を楽しくすることができたらいいですし、なにより、自分の好きなことを仕事にしていきたいです。

Q 最後に読者に向けてメッセージをお願いします。

報われない努力はあるかもしれないですが、身にならない努力はないと思います。勉強したことがテストに出なくても、のちのちどこかで活かされるはずです。望んだ結果が望んだタイミングで出ないこともありますが、そうしたときに、努力したことを否定しないでください。

毎日、前向きに楽しく過ごしていけば、いつか「あのときにやったことだ」と感じるときが来るはずです。報われなかったときの自分はそれで救われるので、結果がすぐに出なくても腐らずに勉強してください。

TOPICS

ちょっとした会話がリフレッシュに メンタル面を整えることも大事

受験期は勉強時間が長くなり苦しかったですが、友達や学校の先生と話すことを大切にしていました。

友達と勉強のこと、ちょっとしたグチなどを口にしていると、精神的に楽になりました。学校の先生とは、質問したあとにスポーツなど色々なことを話しました。その5分、10分は受験勉強につながらないかもしれないですが、気分をリフレッシュできました。その経験から、受験に臨むための準備は、ただ勉強するだけではないと感じました。

みなさんが思い描く学生生活は、健全な身体と精神があってこそ。そこが崩れたら楽しい高校、大学生活が送れないので、ぜひ身体と心を、いい状態にして勉強に励んでください。

高2の行事で、デンソーの工場へ。サイエンスツアーに参加しました。

※本コーナーに記載されている商品名は、各社の商標または登録商標です

2023年の夏には横浜を訪れてガンダム®の立像を見学しました（©創通・サンライズ）。

10年以上オリックス・バファローズのファンで、いつか野球に関する仕事に就きたいと考えています。

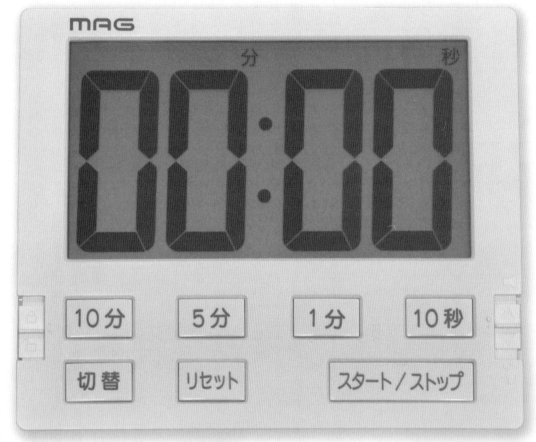

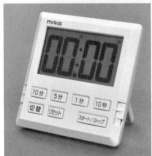

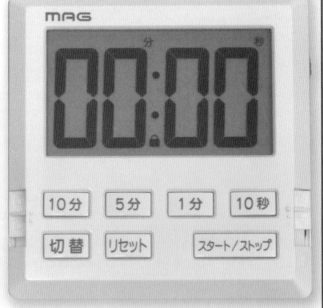

ちょっと得する

読むサプリメント

ここからは、勉強に疲れた脳に、ちょっとひと休みしてもらうサプリメントのページです。
ですから、勉強の合間にリラックスして読んでほしい。
このページの内容が頭の片隅に残っていれば、もしかすると時事問題や、
数学・理科の考え方のヒントになるかもしれません。

Success Book Review …………………………………70
宙わたる教室

耳よりツブより情報とどきたて ……………………71
さっぱりとした甘さでジューシー
この冬 注目を集めた「白いちご」

マナビー先生の最先端科学ナビ ……………………72
火星で飛んだヘリコプター

for 中学生　らくらくプログラミング………………79

なぜなに科学実験室…………………………………80
空中でクルクル踊る女の子

中学生のための経済学 ………………………………84
「合理的な経済人」とは何者か？

中学生の味方になる子育て「楽しむ 伸びる 育つ」………86

PICK UP NEWS………………………………………87
「SLIM」月面到着

思わずだれかに話したくなる　名字の豆知識……………88
今回は「福井」

13歳からはじめる読解レッスン ……………………90

ミステリーハンターＱのタイムスリップ歴史塾 ………94
藤原道長

サクセス印のなるほどコラム…………………………95
「共通テスト」の昔の呼び名

中学生でもわかる　高校数学のススメ ………………96

解いてすっきり　パズルでひといき …………………100

Success Book Review

好きなことにのめりこむのに
年齢や背景は関係ない！

今月の1冊

『宙《そら》わたる教室』

著者／伊与原 新
刊行／文藝春秋
価格／1760円（税込）

２０１７年の日本地球惑星科学連合大会での「高校生によるポスター発表」で、大阪の２つの定時制高校の生徒たちによる発表が優秀賞を獲得した。

このときに受賞した大阪府立大手前高等学校定時制課程、大阪府立春日丘高等学校定時制課程の２校と、大阪府立今宮工科高等学校定時制課程には科学部があり、この３校はそれまでにも惑星科学などの分野の研究で数々の賞に輝いてきた。

３校とも定時制だから、生徒の年齢も背景も様々。そうしたなかで各校の先生たちは科学部を立ち上げて、生徒たちとともに熱心な活動を続けてきたという。

そんな彼らの活動をモデルとして書かれた小説がこの『宙わたる教室』だ。

舞台は東京・新宿にある定時制高校。21歳の柳田岳人は、働きながらこの定時制に通う。卒業できれば、なにかが変わるのではないか。そう思いながら１年間なんとか通ってきたが、頑張っても勉強はうまくいかない。２年目に入り、気持ちの糸は半分切れていた。

そんな岳人のことを、つかみどころのない不思議な雰囲気の担任教師・藤竹はしつこくするでもなく、かといって突き放すでもなく、側で見守り続ける。藤竹は、岳人の勉強の成果がなかなか出ない理由に心当たりがあった。

彼には学ぶことへの熱意がある。うまくそれを引き出し、つなげられれば……。

その後、岳人とともに科学部を立ち上げた藤竹は、彼以外にもそれぞれに悩み、迷いがある生徒を科学部に誘い、ともに研究に取り組んでいく。

小説内で藤竹は、押しつけがましくなく、生徒の学ぶ意欲を引き出していく。

彼らが本当にやりたいことに気づき、のめり込んでいく姿の引力はとても強く、こちらまでグイグイと引っ張られていく。

学生でも、大人でも、いくつになっても、やりたいことの大小にかかわらず、いつだって挑戦していいし、挑戦するべきなんだ、と前向きな力をもらえる物語だ。

さっぱりとした甘さでジューシー この冬 注目を集めた「白いちご」

佐賀県産の「淡雪」（3ページにカラー写真も掲載／撮影・本誌）

くつがえる「いちごの常識」

この冬、首都圏のスーパーマーケットや果物店で、見慣れない姿を見せて買いもの客の足を止めさせていたのが「白いちご」です。

その名の通り果皮が真っ白なのですから、初めて目にした人が思わず二度見してしまうのも当然といえます。なにせ「卵のパックと見間違えた」という人もあるほどの白さなのです。この雑誌の目次のページにカラー写真も掲載しておきましたので3ページもご覧ください。

じつは、首都圏でこの珍しいいちごが目につくようになったのは、最近のことです。

白いちごは、普通のいちごより栽培が難しいのだそう。それというのも、気温が高くなったり直射日光に当たりすぎたりすると色づいてしまい、白いちごとして出荷できなくなってしまうからです。

普通のいちごは太陽に当たることで赤くなります。アントシアニンという色素が発色するからです。しかしながら太陽に当てないと大きくはなりません。

ですから、色づきにくいとはいえ白いちごの生産農家では「受光調整などが大変で、普通のいちごの倍以上の手間がかかる」といいます。

突然変異から生まれたびっくり品種

白いちごは、ある種苗会社の品種改良過程で、突然変異が起きて生まれたものです。アントシアニンが少ないため、日光に当たっても発色しにくい性質を持った果実が偶然見つかったのです。

それを基に栽培が工夫され、毎年同じいちごがなるように品種固定に成功した「初恋の香り」（品種登録、2009年）が、15年前に世に出ましたが、始めは真っ白ではなく薄いピンク色でした。

それがいまでは各地で品種改良が進んで、ここ数年ほどで、たくさんの白い品種が出回るようになりました。

純白、美白の品種が続々と

上の写真の「淡雪」（品種登録、2013年）や、「雪うさぎ」（品種登録、2014年）、「天使の実」（品種登録、2014年）など、まさに“白”いちごの名に恥じないほど純白で、果肉も大きく、甘くておいしい品種ができあがっています。

しかし、全国区への人気はなかなか広がりませんでした。受光に繊細で栽培が難しく、大量生産にそぐわなかったため、当初は価格も高いものでした。どの品種でも通常の赤いいちごの2倍以上はするものばかりで、1パック（10粒程度）で1万円以上の値がついていたこともあったのです。

いま、1パック1000円程度にまで値が抑えられたことから、だれにでも手が届くようになった白いちご。その味はというと酸味はほとんどなく、甘くて、気をつけていないと果汁が口からこぼれてしまうほどジューシーです。

いちごの季節は1月から3月といわれていますから、まだ店先に並んでいるかもしれません。数は少ないですが、白いちごが食べられるいちご狩り農園も点在しています。

みなさんもぜひ一度、「常識がくつがえさせられる」経験をしてみることをおすすめします。

※本コーナーに記載されている商品名は、各社の商標または登録商標です

マナビー先生の

最先端科学ナビ

FILE No.038

火星で飛んだヘリコプター

地球以外の天体で初めて飛んだヘリコプター

日本が打ち上げた小型月着陸実証機SLIMが、月面に着陸したニュースは、「ピックアップニュース」欄（87ページ）でも取り上げているのでそちらも読んでみてほしい。

SLIMが着陸したちょうどそのころ、アメリカ航空宇宙局（NASA）は火星ヘリコプター「インジェニュイティ（Ingenuity）」が故障し、ついに飛行できなくなったと発表した。1月25日（現地時間）のことだ。

火星で、アメリカ開発のヘリコプターが飛んでいたなんて知っていたかな？　火星でも画期的な出来事が起こっていたんだね。

どんなヘリコプターだったんだろう？　ヘリコプターといっても小型で、みんなには「ちょっと大きめのドローン」といった方がなじみやすいかもしれない。

このヘリコプターのミッション終了について、NASAの長官は「歴史的な旅は終わった」と表現した。インジェニュイティという英語には「創意工夫」の意味があるそうだけれど、まさに工夫を重ねて、予定よりもはるかに長期の約3年間、火星上空で活躍したというからすごいね。

このヘリコプターを搭載した探査機が火星に到着したのは2021年2月18日。

その探査機に搭載されていたインジェニュイティの本体は13・6cm×19・5cm×16・3cmというティッシュ箱程度のサイズで、ローターやソーラーパネルまでを加えた高さは約50cm、重さ1・8kg。本体の大きさに比べて、2枚あるローターの長さは1・2mとアンバランスなほど長く設計されている【写真】。

インジェニュイティは火星の薄い大気のなかを飛行するため、そのローターは互いに逆方向に毎分2400回転する。

ちなみに地球上のヘリコプターのローターは、毎分400~500回程度の回転で飛べるという。

上部についているソーラーパネルで搭載電池への自動充電を行い、寒い火星上でも電力を作り出してヒーターを作動させるよう作られていた。

火星と地球との距離はかなり遠い。それぞれが太陽の周りを回っているので、互いの距離は一定していなくて、電波が届くには平均で往復約10分もかかる。だから映像を見ながら地球からコントロールするなんていう方法は不可能なんだ。

そのためインジェニュイティは、コンピューターによる自律航行で作業や観測を行う。自律航行とは自分自身で高度や位置情報を把握して、目的に則して飛行することをいう。

インジェニュイティはカメラを2台搭載していて、太陽の方向や地平

マナビー先生

大学を卒業後、海外で研究者として働いていたが、和食が恋しくなり帰国。しかし科学に関する本を読んでいると食事をすることすら忘れてしまうという、自他ともに認める“科学オタク”。

線、地形などを撮影し、それを自ら処理して判断し、飛行する。

想定を上回る長期にわたって火星上空を飛行し続ける

インジェニュイティの最大のミッションは、地球以外の天体でヘリコプターが飛べるかを確かめることだった。

火星の重力は地球の約3分の1程度だから、重いものを空中に持ち上げるのは簡単だけど、大きな壁として立ちはだかったのが大気の薄さだった。ヘリコプターを浮かべるための揚力を得るのに必要な大気が地球の100分の1、つまり1％しかないんだ、火星は。

このため、全体の重量を極力軽くする努力が続けられ、スマートフォンに使われている材料など、市販の器材を流用した部分も多いという。市販され長く使用されているとはいえ、宇宙での実証ができていない材料の採用は英断だった。

こうして2kg以下のヘリコプターが実現し、着陸してから約2カ月後、初めて高度3m、30秒の飛行に成功した。宇宙を専門とする科学者たちは「人類の宇宙探査史における壮挙」と、賛辞を惜しまなかった。

その後も着々と飛行実験を繰り返したインジェニュイティはNASAの予想を上回る約3年間、72回もの飛行を行うことに成功。総飛行時間は2時間以上、飛行距離は想定の14倍以上にも達した。じつは当初は、30日間で最大5回の飛行しか計画されていなかったんだ。

私たちは火星について、これまでは探査車からの映像しか見たことはなかったけれど、インジェニュイティの25回目のフライトで撮影した写真をつなぎあわせた動画が公開され、火星の様子を低空から撮影した感動的な景色を、いまは見ることができる（下記にURL）※。

インジェニュイティはこの間、バッテリーの電力が不足して、寒い夜の間ヒーターをオンにし続けることができず、フライトコンピューターがフリーズしてしまうこともあった。さらに、3回の緊急着陸も経験している。

インジェニュイティが残したデータは、これらの困難を乗り越えた経験も含め、今後の宇宙開発に大きな貢献をすることは間違いない。

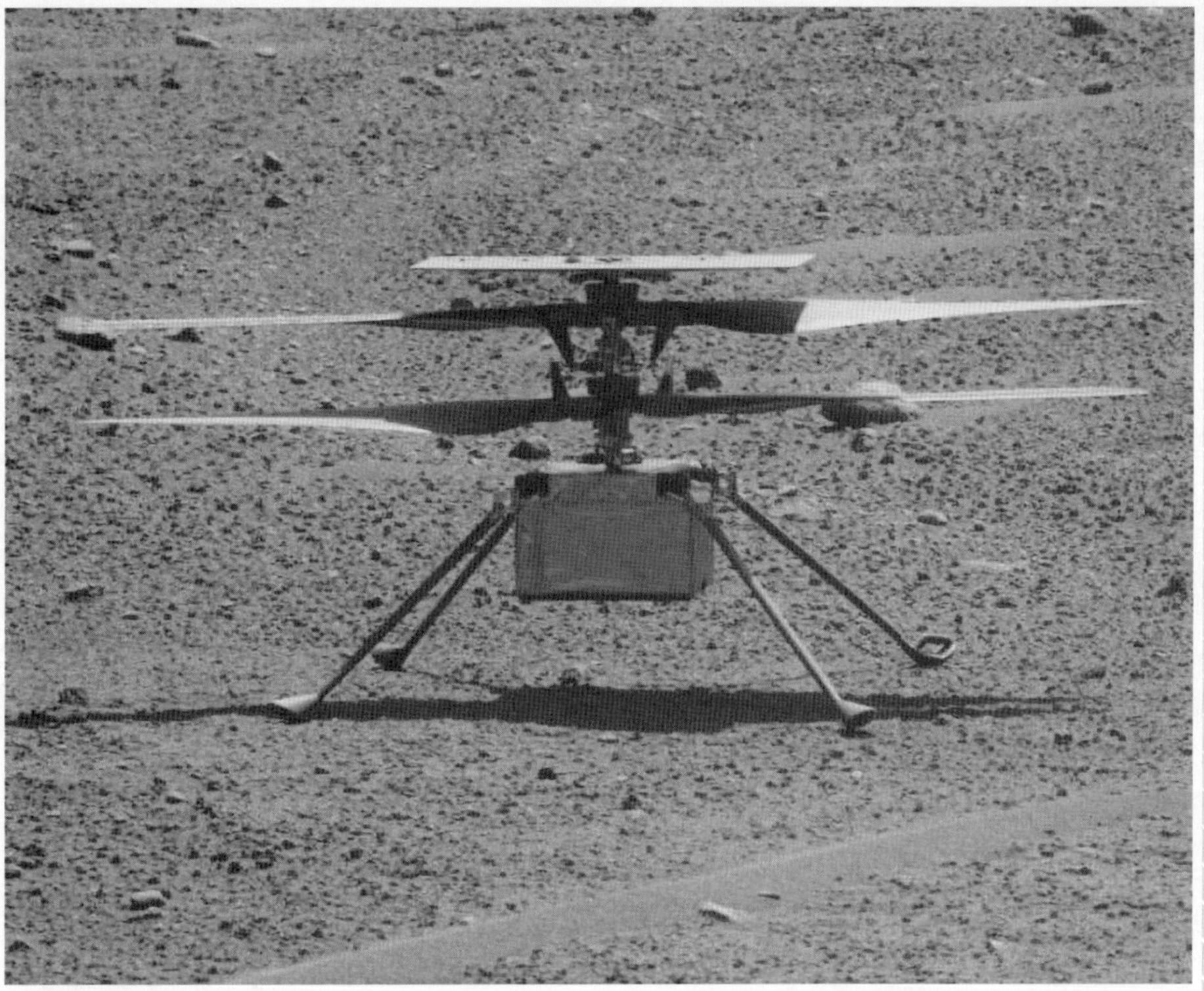

火星ヘリコプター「Ingenuity（インジェニュイティ）」。火星探査機のカメラで2023年8月2日に撮影。（Credit : NASA/JPL-Caltech/ASU/MSSS）

※https://www.jpl.nasa.gov/news/nasas-ingenuity-mars-helicopter-captures-video-of-record-flight

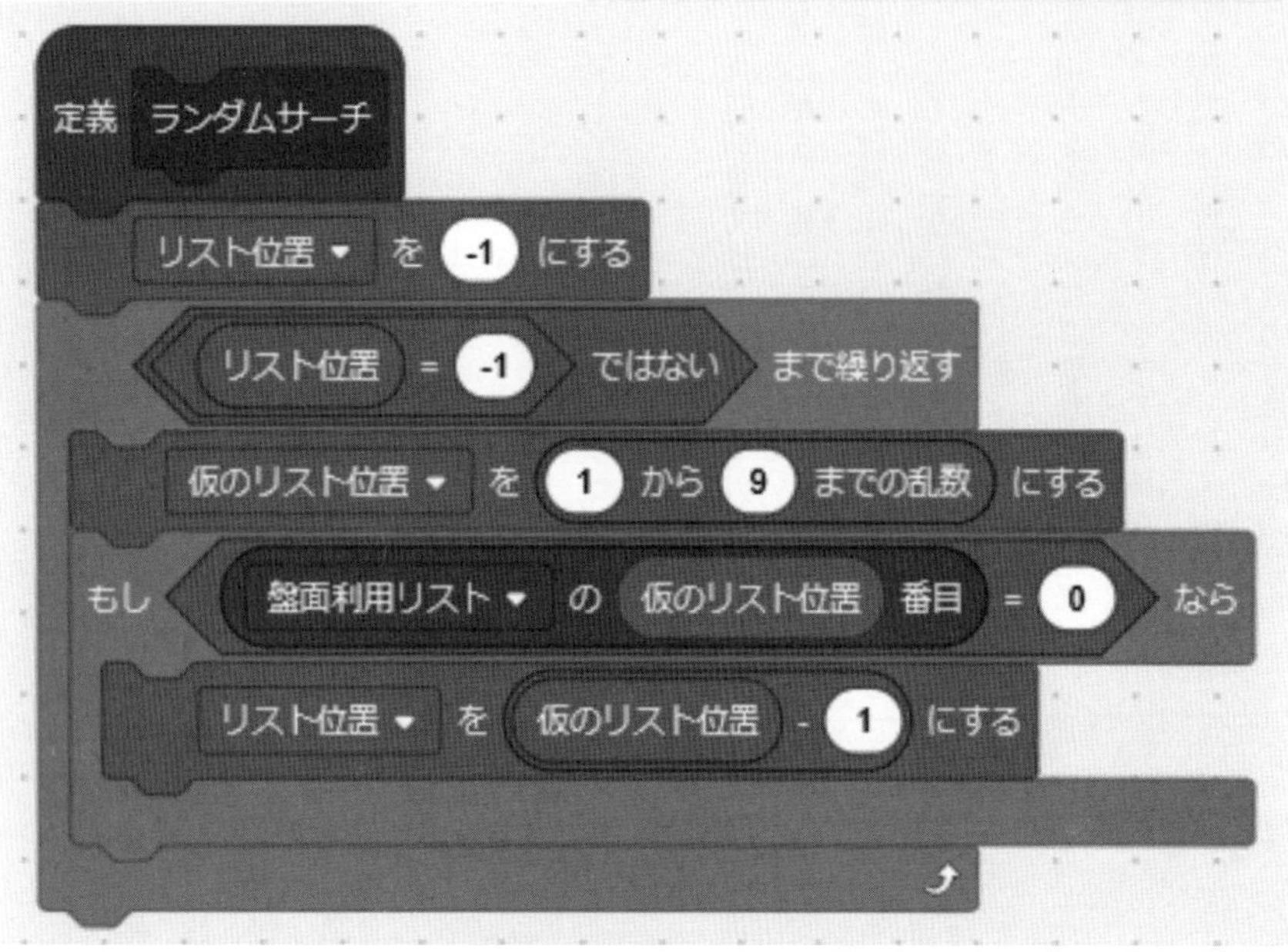

【図21】×を書き込む位置を探す

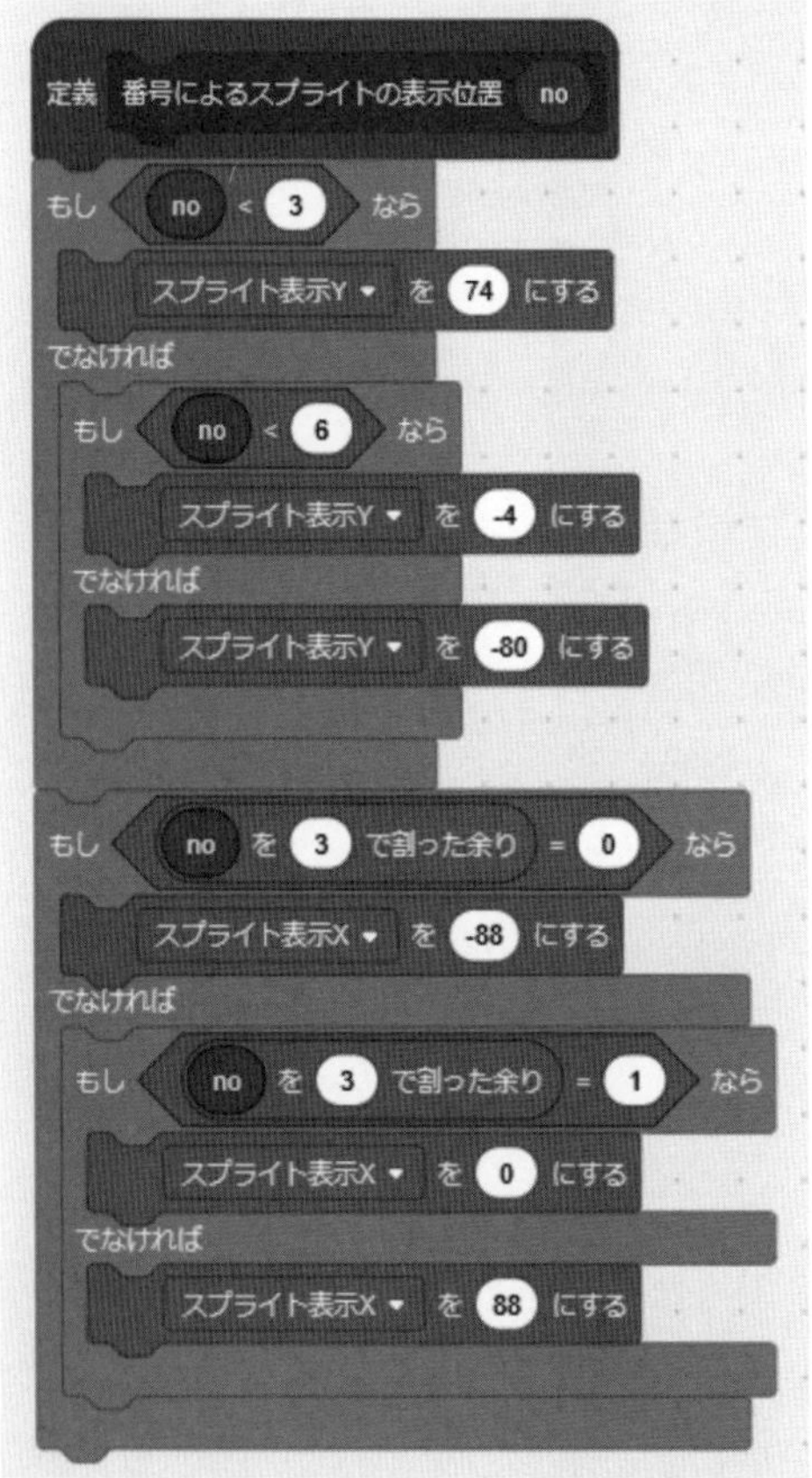

【図22】リスト位置（0～8）から×を描画する位置を得る

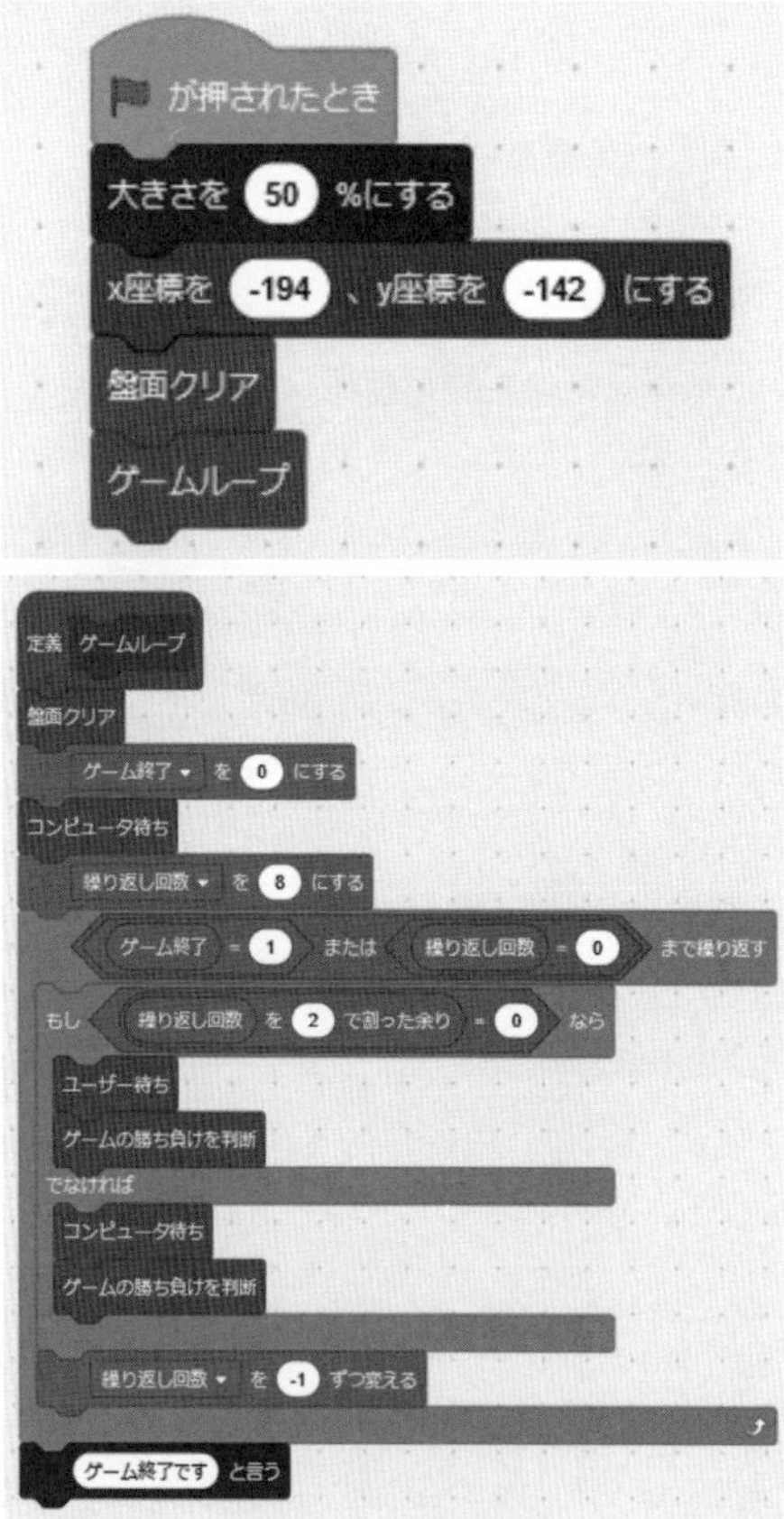

【図23】ゲームループ（ゲームの進行）

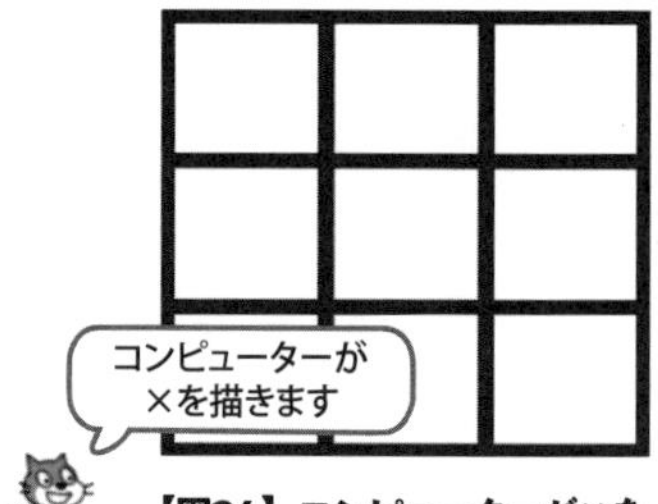

【図24】コンピューターが×を描くときの表示

【図25】ランダム位置に×を描きます

【図26】○を描く位置をクリックするよう促します

【図27】ゲーム終了時の表示

×のどちらかが先に3つ並んだとき（3つの位置のリストの合計が3または−3になったとき）、進行役のネコが「あなたの勝ちです」「コンピューターの勝ちです」を表示し、ゲーム終了になる。**【図27】**。

ラム：次回がどんなプログラムになるのか楽しみですね。ありがとうございました。

ログ：もう一度Scratchのページを見て確認しておきます。

完成版URL
https://scratch.mit.edu/projects/965391361

このページは79ページから読んでください。

判断することにしよう【図12～図20】。

今回と次回の2回でプログラムを完成させよう

ラム：コンピューターが自動的に×を描くにはどのようにするのですか。

らくらく先生：このプログラムは今回と次回の2回で完結するように作っていくよ。今回はコンピューターのレベルを「弱い」に設定し、単純にランダムで空いている位置を探して、その位置に×を置くようにプログラムしよう。「リストの初期化」で9つのデータをすべてゼロにしている。ゼロ以外のリストデータがあるときは、○か×が置かれていることになるので、コンピューターはランダムにゼロのあるところを探し、そこを「リスト位置」にするようにしよう【図21】。そして、その得られたリストの位置から画面に描画する位置を求めるんだ【図22】。

ログ：大きなゲームの流れのコードはどこに書くのですか。

らくらく先生：ゲーム進行に必要なメッセージはすべて進行役（ネコ）のコードに書いていこう。その「ゲームループ」を【図23】に示すよ。今回のゲームはコンピューターが先行で作っていて、×を描く前には進行役がメッセージで示し【図24】、コンピューターが×を描いたあと【図25】は進行役が「○を書きたい部分をクリックしてください」と促すので、ユーザーはマウスで好きな位置をクリックするようにしよう【図26】。

○または×を表示したあとは「ゲームの勝ち負け検査」を実行する。今回は音や音楽はなく、○、

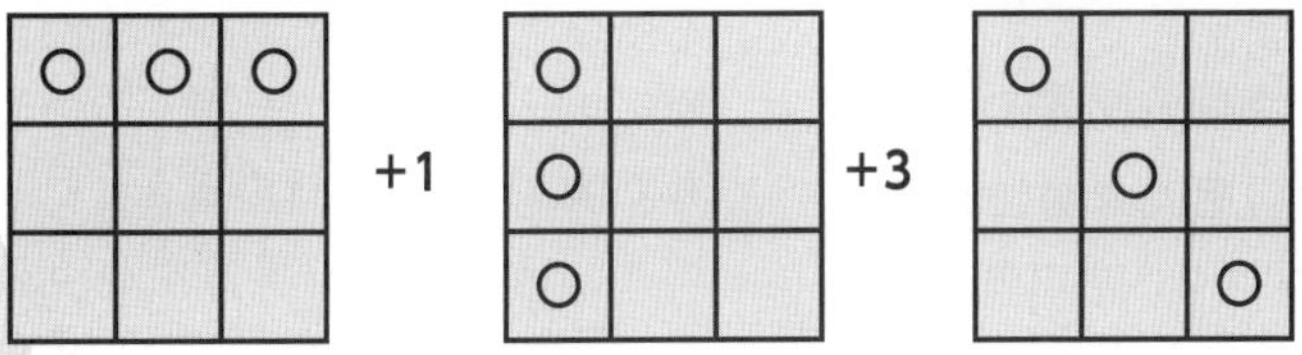

【図12】リスト位置（0）のとき調べるパターン

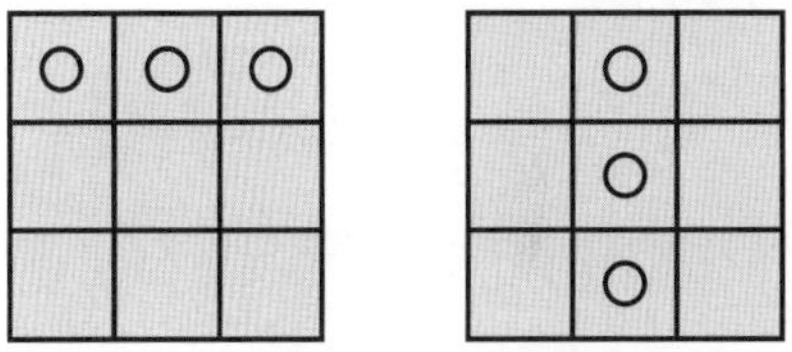

【図13】リスト位置（1）のとき調べるパターン

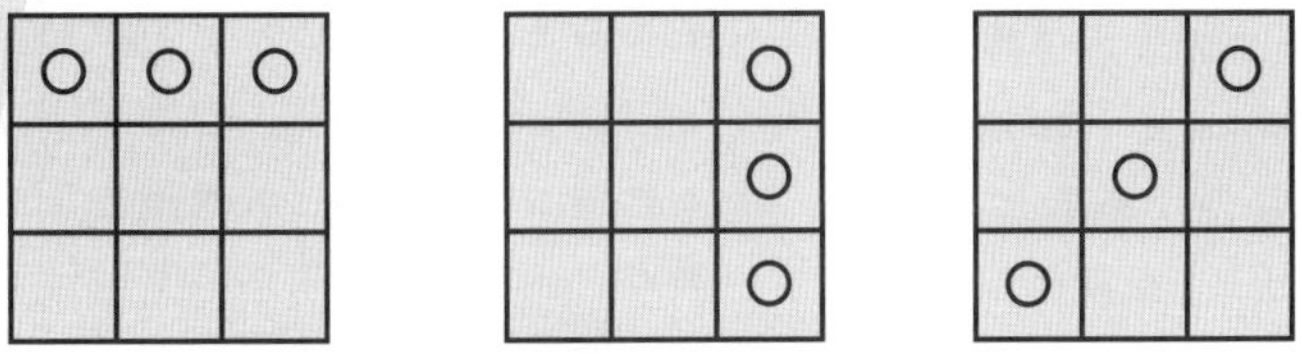

【図14】リスト位置（2）のとき調べるパターン

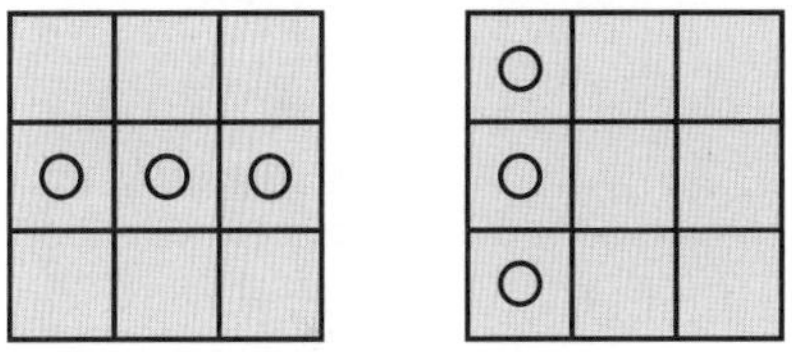

【図15】リスト位置（3）のとき調べるパターン

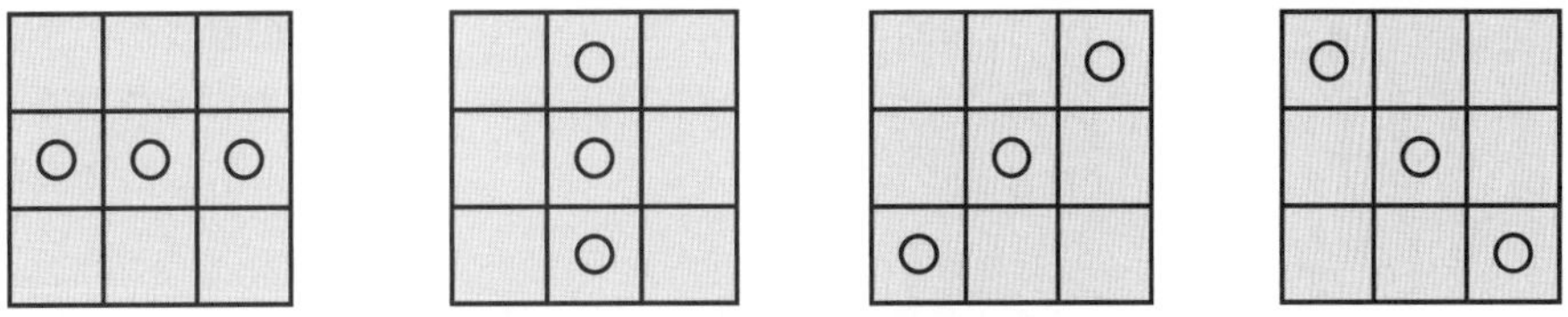

【図16】リスト位置（4）のとき調べるパターン

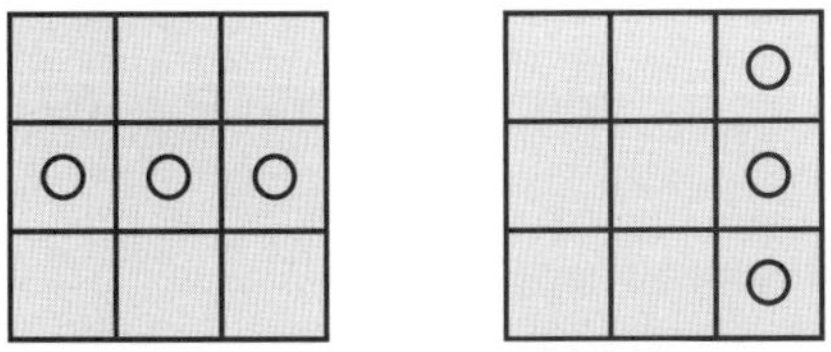

【図17】リスト位置（5）のとき調べるパターン

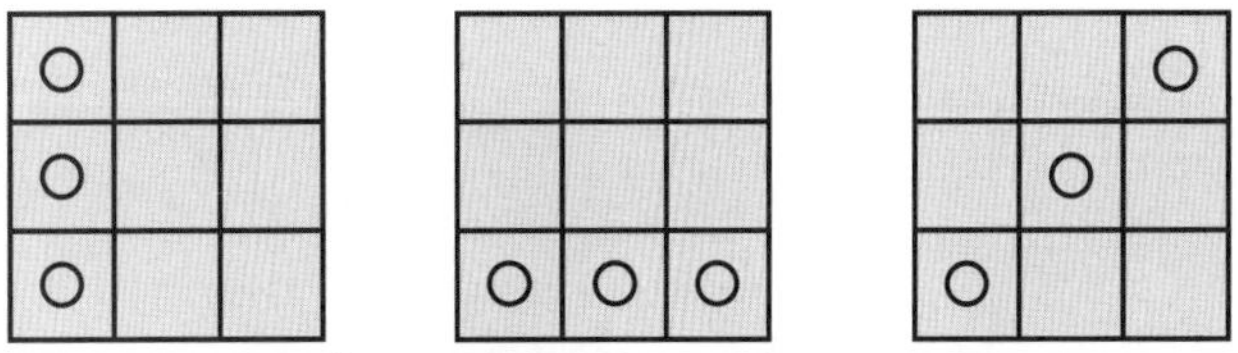

【図18】リスト位置（6）のとき調べるパターン

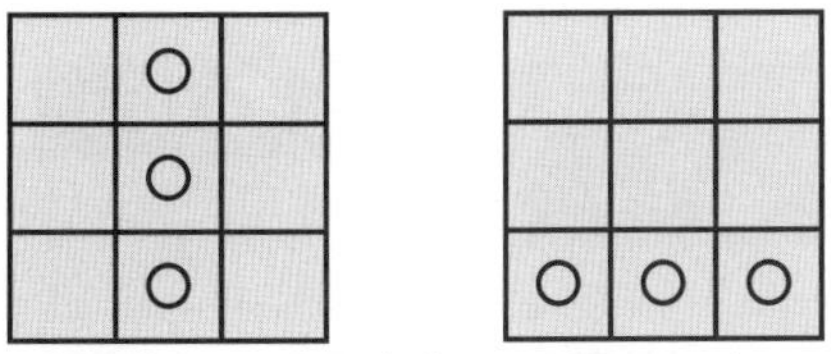

【図19】リスト位置（7）のとき調べるパターン

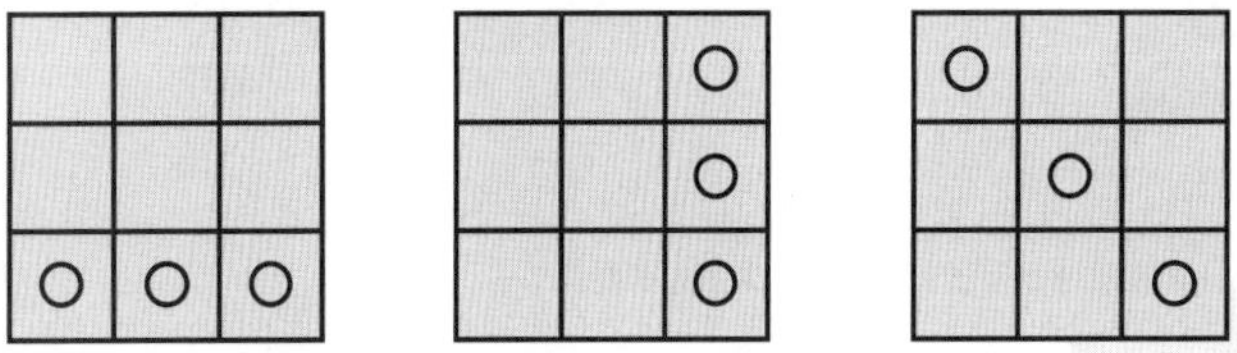

【図20】リスト位置（8）のとき調べるパターン

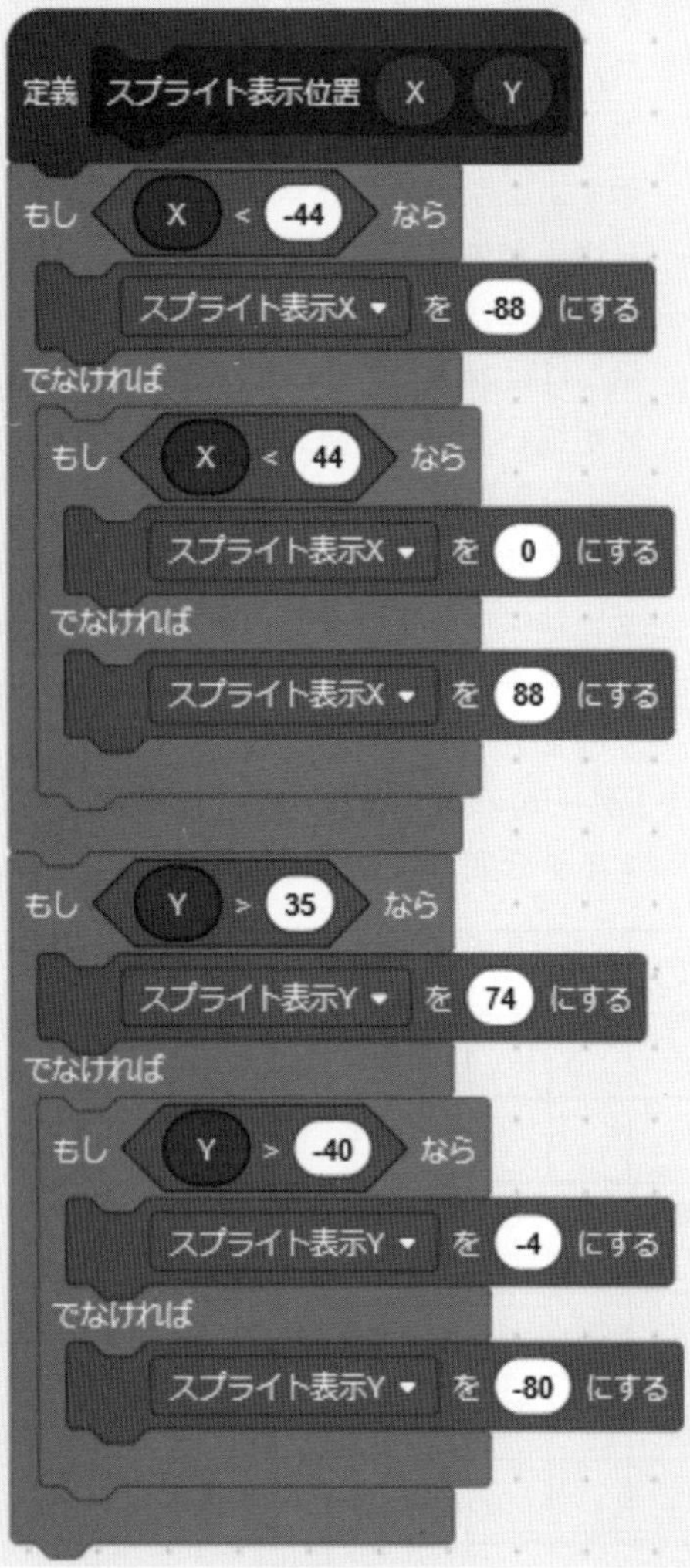

【図9】マウスのクリック位置に応じたスプライトの表示位置

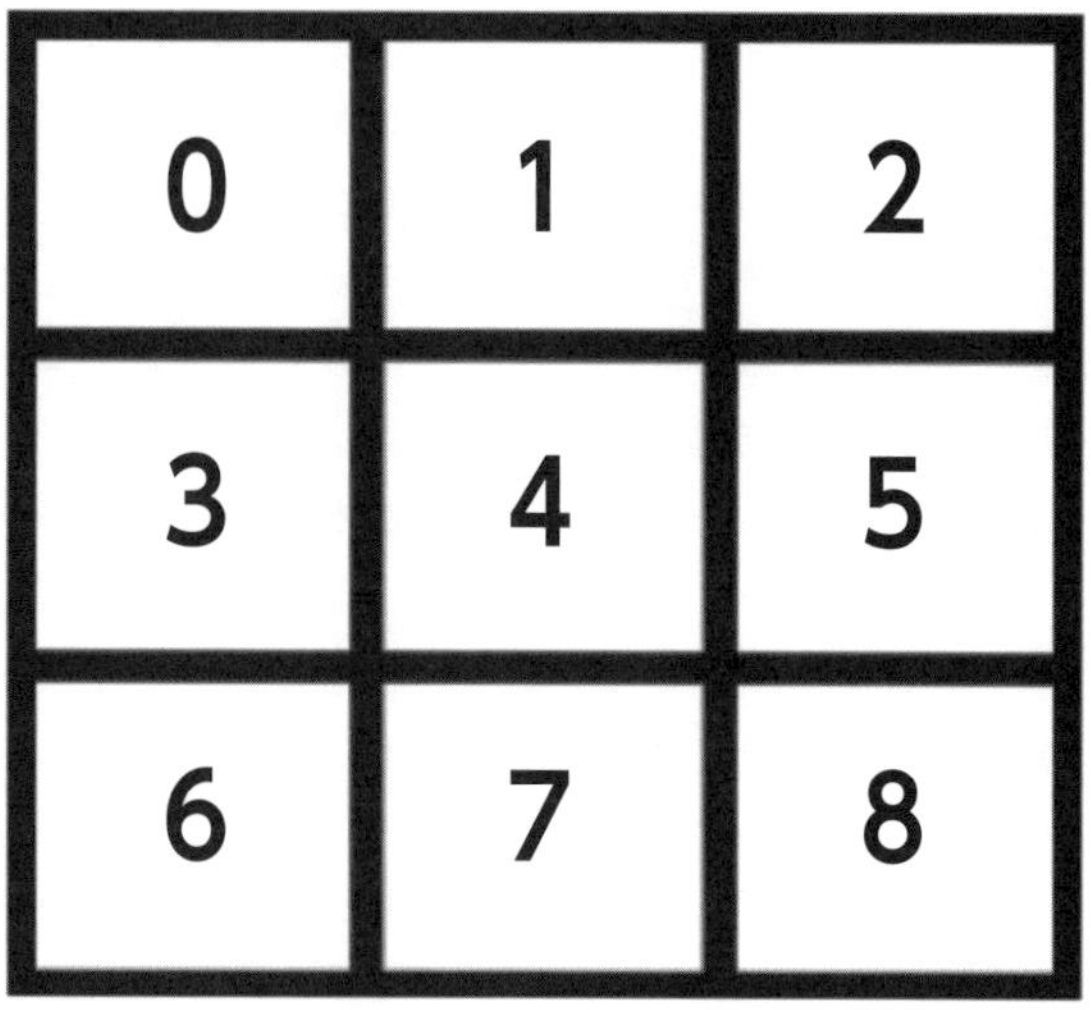

【図10】盤面とリストとの対応

を格納するリスト位置も決めてしまおう**【図10】**。

ラム：ゲームの進行や、コメントなどを表示するにはどうすればいいですか？

緑の旗が押されたときの処理

らくらく先生：色々な方法が考えられると思うけど、ネコのスプライトにその役目をやってもらおう。まず「緑の旗が押されたとき」の処理だ。ネコの表示位置と大きさを決めておき、それまでに表示されているものがあると困るので、「盤面クリア」を実行し、ゲームのループに入ることにしよう。

ログ：「盤面クリア」を行ったあとに、「ゲームのループ」が始まるのですね。

らくらく先生：「盤面クリア」では、データを格納するリストを初期化する「リストの初期化」ブロックを使い、○と×のスプライトに初期化を行わせるんだ。ゲームの流れではユーザー先行の場合とコンピューター先行の場合があるのと、何度かゲームを行いたい場合があるので、その都度画面を消去できるようにしているよ**【図11】**。

「リストの初期化」では、リストに残っている○と×を消去したあと、９つの枠をすべてゼロにする。新たにゲームを再開し、リストに○を配置したときには１を、×を配置したときには−1を記録することにしているよ。そして、**【図2】**に示した８通りのパターンを調べ、すべてを足すと３または−３になったときに○か×が３つそろったことになるので、この方法で

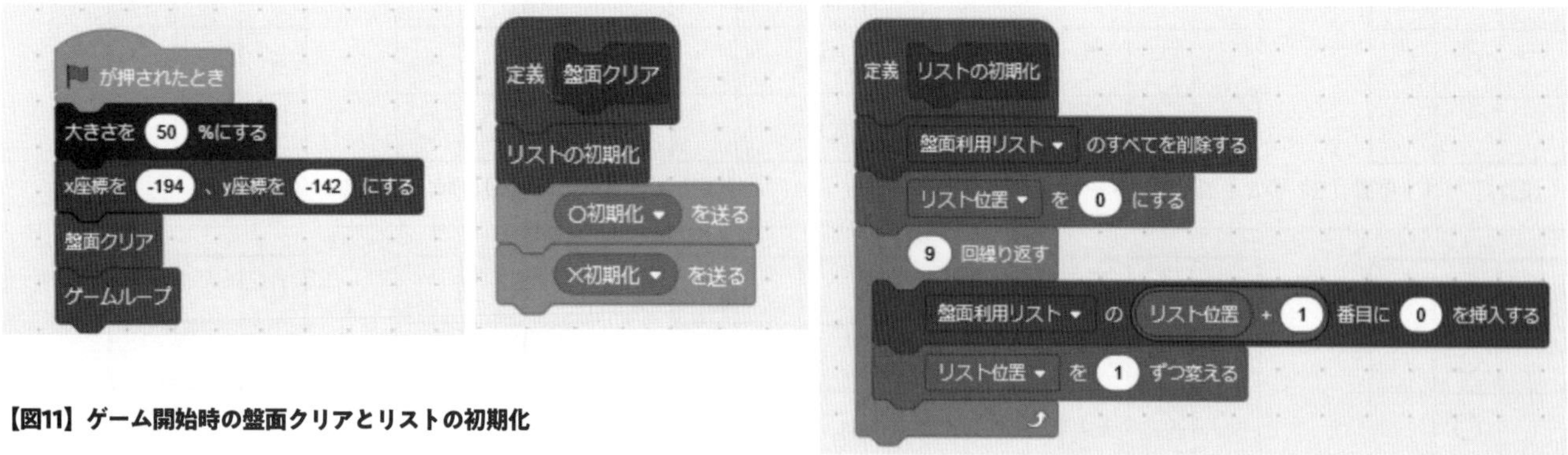

【図11】ゲーム開始時の盤面クリアとリストの初期化

75 ページ本文につづく➡

このページは79ページから読んでください。

らくらく先生：検査ブロックを作っておけば簡単かもしれないね。

ラム：指定した3つの枠を調べて同じマークがいくつかを数える処理を作ればいいのですね。やってみます。

○と×を配置するプログラムを作る

ログ：データの格納方法も大体わかったので、プログラムを作り始めましょう。まずは背景を作ります。

らくらく先生：いいね。始めよう。

ラム：今回は×はコンピューター、○はユーザーと決めてしまってもいいでしょうか。

ログ：その方が混乱しないかもしれないね。まずは背景を作ってみたけど、これでいいかな？　一度全体ができたところで、もう少しかっこいいものにしたらいいと思います**【図4】**。

ラム：次は○と×のスプライトを作ります。すでに提供されているスプライトのなかにこんなマークがあったのでそれを利用しようと思います**【図5】**。

ログ：ここまでできたので、次は○と×をマウスのクリックで置くことにして、マス全体にスプライトを配置するプログラムを作ってみたいと思います。

　背景の枠の座標を調べて、今回スプライトを配置する位置座標は**【図6】**のようになりました。○と×のスプライトをすべての枠に表示すると**【図7・図8】**のようになります。

【図4】背景1

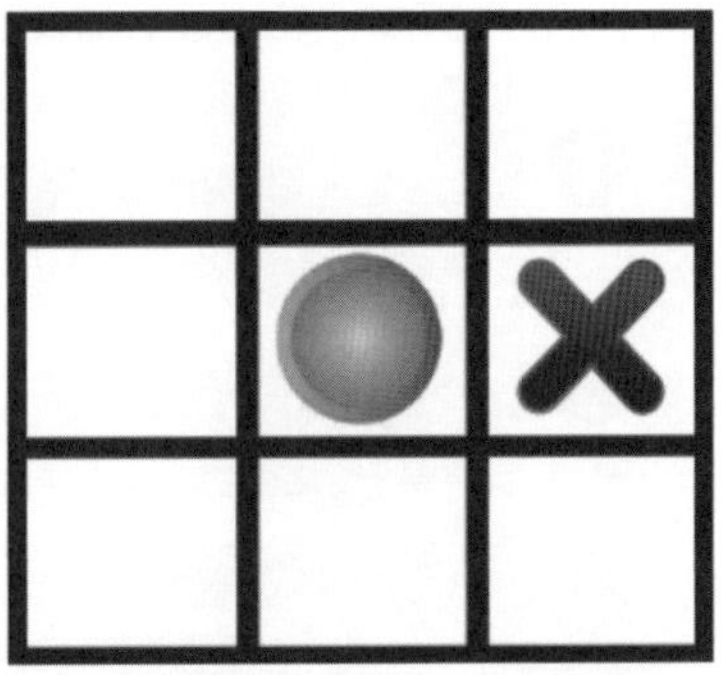

【図5】使うスプライトと背景の関係

-88, 74	0, 74	88, 74
-88, -4	0, -4	88, -4
-88, -80	0, -80	88, -80

【図6】背景の枠の座標

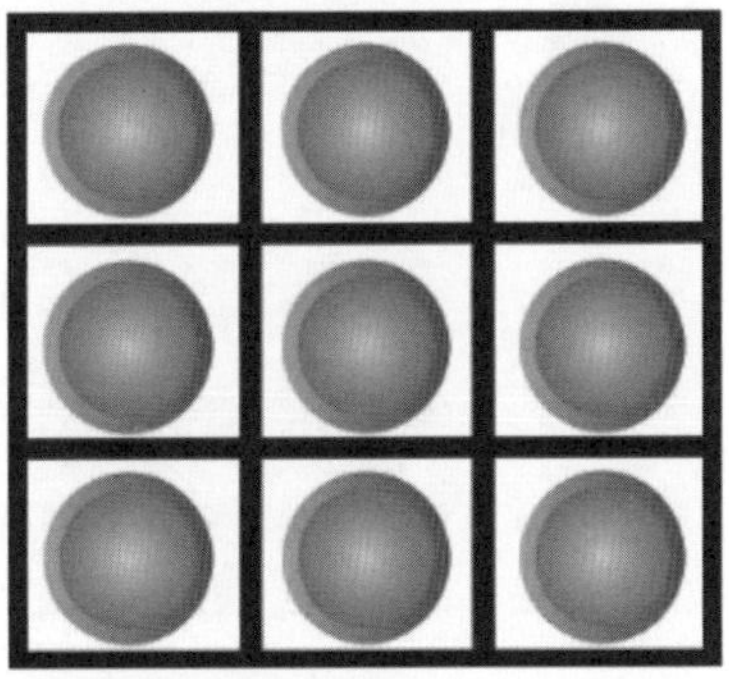

【図7】表示位置にスプライトを表示した例(○)

【図8】表示位置にスプライトを表示した例(×)

らくらく先生：表示はよさそうだね。マウスをクリックしたときのマウス位置からこの値を選ぶようにすればいいね。

ログ：マウスのX位置やY位置から、スプライトの表示位置Xと表示位置Yを得るブロックを作りました。マウスが枠内に入っていなくても3つの範囲のどれかに入るようにしています**【図9】**。

らくらく先生：これでユーザーがマウスでクリックしたときのプログラムができたわけだね。次にマウス位置が決まると同時にデータ

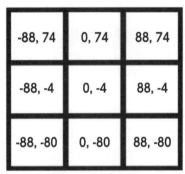

ログ：ゲームのアイデアが決まれば、そのあとは作りながら考えた方が楽しそうですね。

ラム：勝ち負けの判定の仕方や、データの利用法は考えておいた方がいいのではないでしょうか？
　あとに回すと難しくなる可能性がありませんか？

らくらく先生：そうだね。データの配置方法や管理方法は考えておいた方がいいね。

ログ：勝つパターン、逆に負けるパターンはどんなものがあるんでしょうか？

らくらく先生：【図2】を見てほしい。○が勝つときの８つのパターンを描いてみた。

ラム：当たり前だけど○を×にしても同じですね。3つ並んだ○の1つが欠けた状態になったときに、相手側はその部分を×で埋めないと負けになるわけよね。
　このデータをうまく表現できるといいんだけど、どうすればいいかしら？

ログ：３×３の２次元配列を作ると簡単なような気がするけど、スクラッチに２次元配列はないのですか？

らくらく先生：リストブロックを追加すると、２次元リストを使って２次元配列を作ることができるよ【図3】。

ログ：そうなんですね。この2次元リストを使えば簡単にデータを記録したり、検査したりすることができますね。

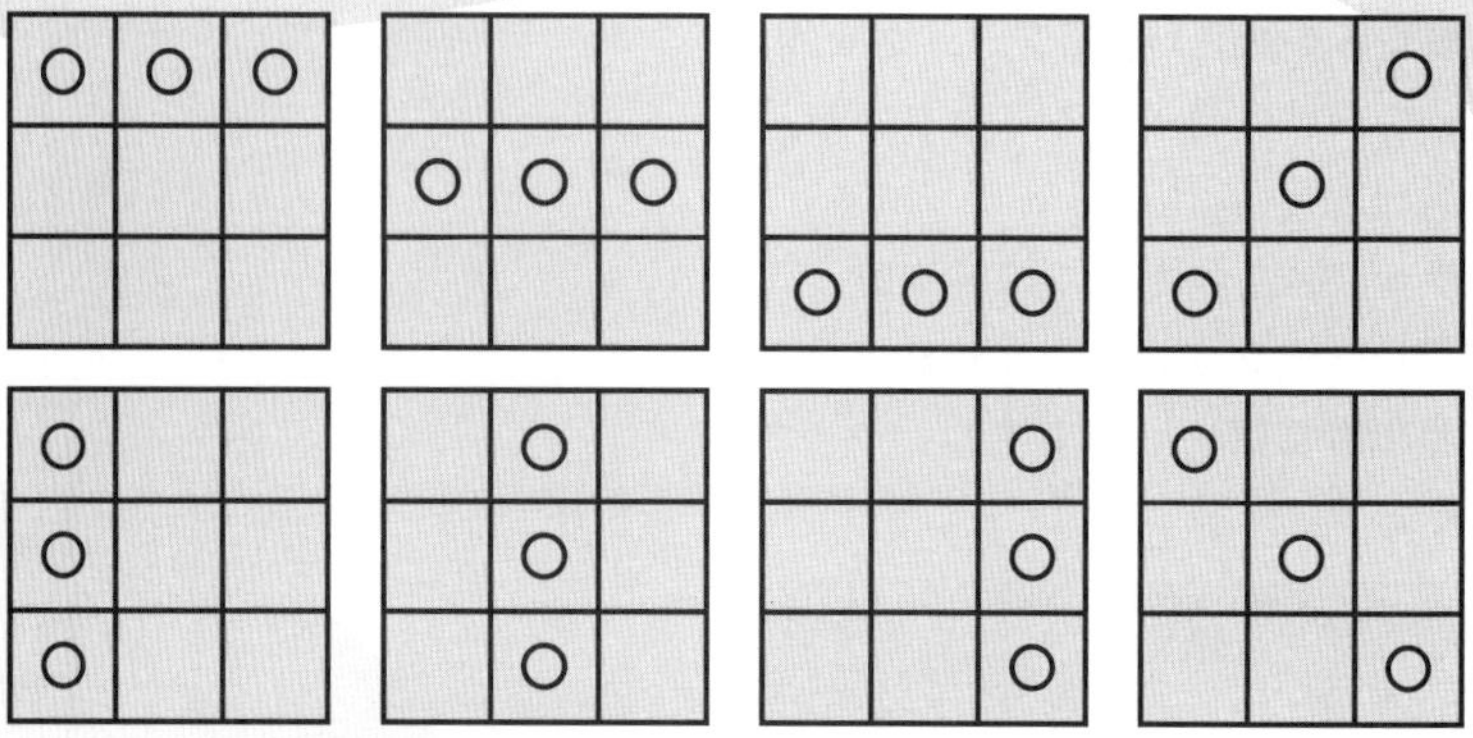

【図2】勝つパターン（○の場合）

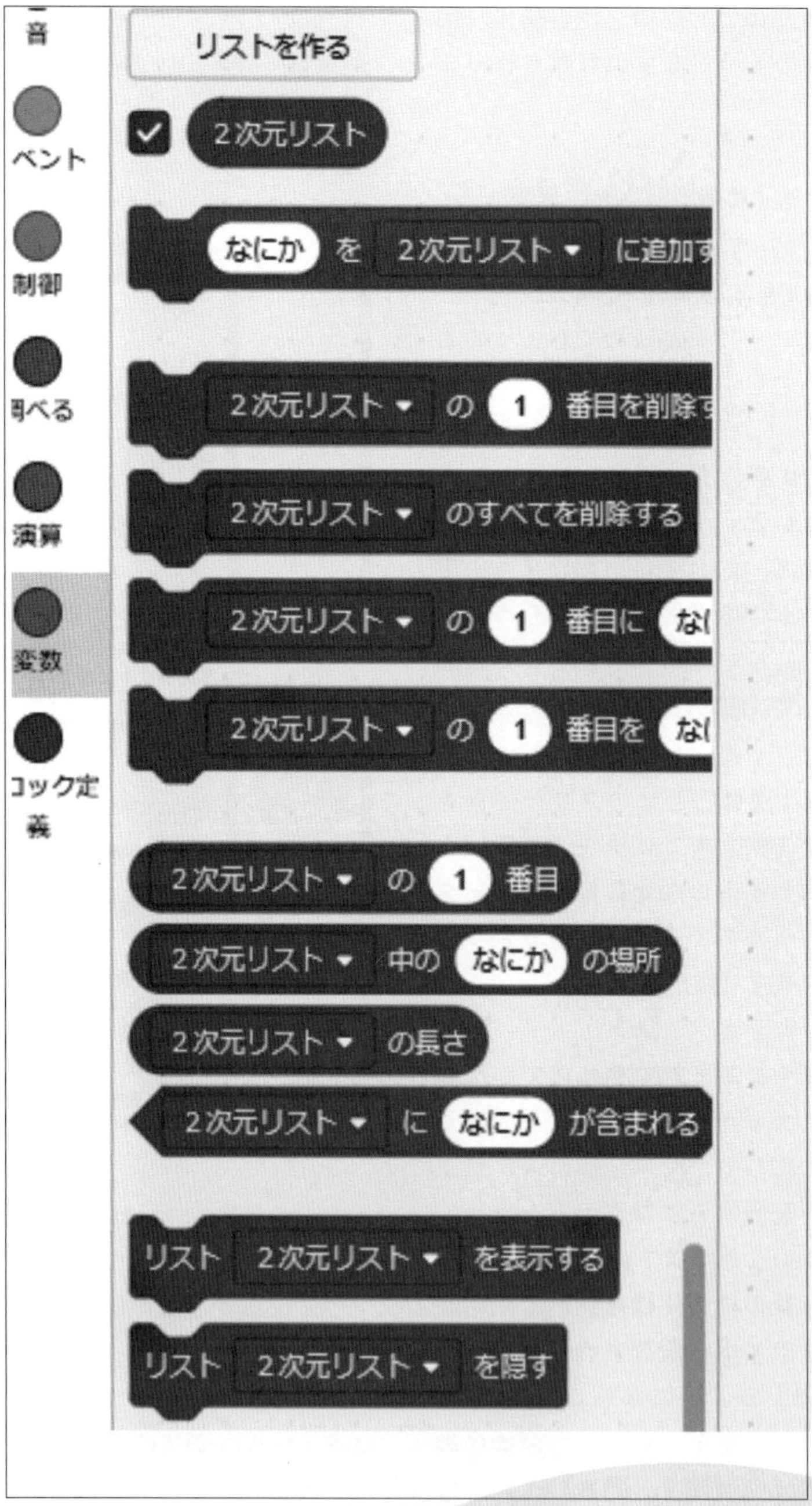

【図3】2次元リストの利用

77 ページ本文につづく ➔

for 中学生
らくらくプログラミング

プログラミングトレーナー　あらき はじめ

第16回

プログラム作りは楽しいって、思えてきましたか。誌面のラムさん、ログくんも、その楽しさがわかってきたそうです。ラムさん、ログくんの疑問に、らくらく先生が答えながら、解説していきますので、みなさんも2人といっしょに楽しみましょう。

解説部分は下のQRコードからWebページに入れば、誌面とリンクした内容で、さらに学びを深めることができます。

URL : https://x.gd/yH4TM

（**あらき はじめ**　昨春まで大学でプログラミングを教えていた先生。「今度は子どもたちにプログラムの楽しさを伝えたい」と、まだまだ元気にこの講座を開設。）

画像：PIXTA

○×ゲームを作ろう！

らくらく先生：今回も楽しくプログラムを作っていこう。

ラム：今回はどんなゲームを作るんですか？

らくらく先生：今回は○×ゲームを作ってみよう。きっとみんな一度はやったことがあるゲームだと思うよ。

ログ：ユーザーとコンピューターが交互に○か×を描いていって3つ並ぶと勝つゲームですよね。

らくらく先生：そうだね。ゲーム自体は簡単なものだ。難しい部分はどこだと思う？

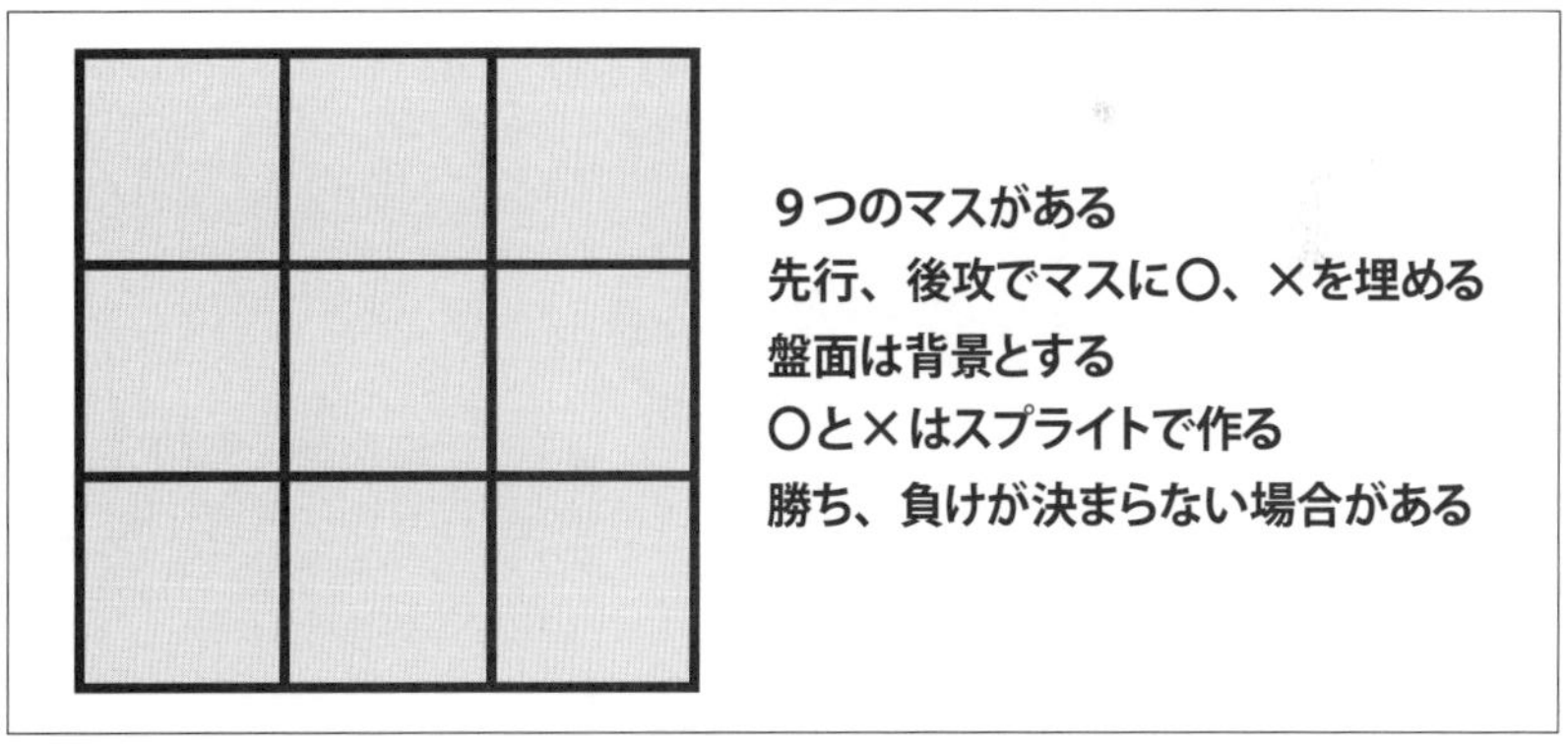
9つのマスがある
先行、後攻でマスに○、×を埋める
盤面は背景とする
○と×はスプライトで作る
勝ち、負けが決まらない場合がある

【図1】ゲームの盤面

ラム：コンピューターがどうやって次の手を打てばいいかを考える部分じゃないですか？

らくらく先生：そうだね。いま、はやりのAI（人工知能）とまではいかないけれど、なんらかの意図を持って次の手を考えることが大事だね。

まずは【図1】を見て。いつものようにアイデアスケッチを描いてみたよ。ゲームの盤面には9つのマスがあって、そこに○か×を埋めていく。交互に埋めていくから、コンピューター先行の場合とユーザー先行の2通りがあるね。まずは勝ち負けを考えないで空いているマスに埋めていく方法で、1つずつ確認しながらゲームを作っていこう。

Why? What!

なぜなに科学実験室

この小さな科学実験室は、みなさんが生活のなかで出会う不思議に焦点をあてて、「へぇ～」を体験していただくために開設されました。

みなさんの身の回りにある不思議に触れ、それをきっかけに科学に興味を持ってもらいたいというのも私たちの願いです。

日常のふとした瞬間に出会う「科学の種」を拾い上げることは、科学者の第一歩を踏み出すことにもつながっています。

身の回りで起こる現象を見て「あれれっ、不思議！」「なんでこうなるの？」と首を傾げたとき、「当たり前のこと」として見逃さず、家に帰って本を開いたり、インターネットで調べたりすることがとても大切なのです。

空中でクルクル踊る女の子

みなさん、こんにちワン！「なぜなに科学実験室」の案内役で、みなさんに不思議な現象をご紹介するワンコ先生です。

今回は強力磁石を使って、イラストの女の子が空中でクルクル踊る、ファンタスティックな光景をお見せしよう。

ちょっとしたコツをつかめば、だれでもうまく踊らせることができるよ。お友だちといっしょにチャレンジすれば、とても楽しいひとときになるはずだ。

ワンコ先生

1 用意するもの

❶ペットボトル（2ℓ以上、１本）
❷両面テープ
❸ネオジム磁石
（ここでは180ミリテスラ３個。ミリテスラは磁石の力の単位）
❹セロハンテープ
❺クリップ（スチール製）
❻糸
❼はさみ
❽カッターナイフ

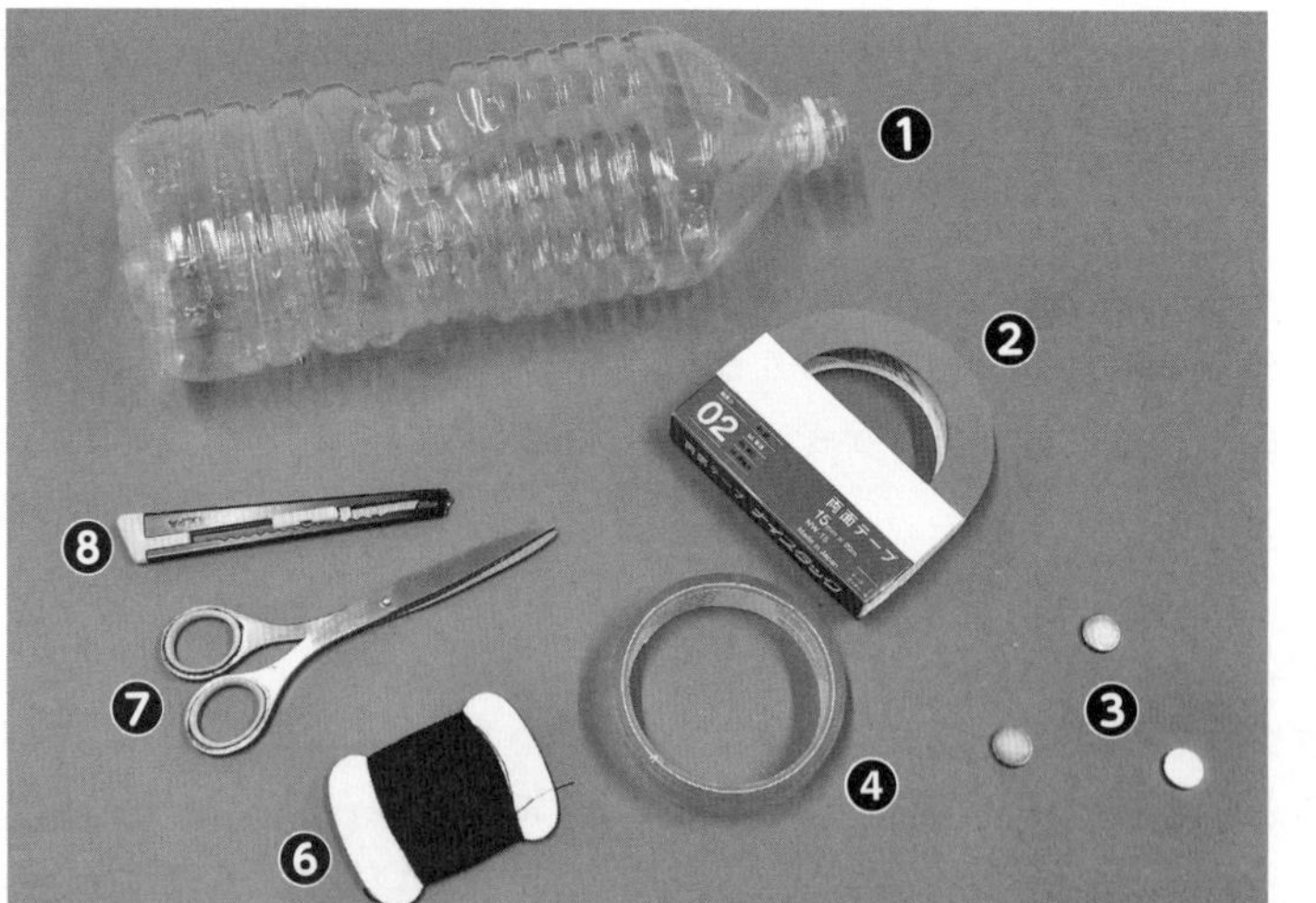

2 ペットボトルを切り取る

ペットボトルから幅３㎝の輪を切り出します。危ないので手袋などを使って慎重に行います。

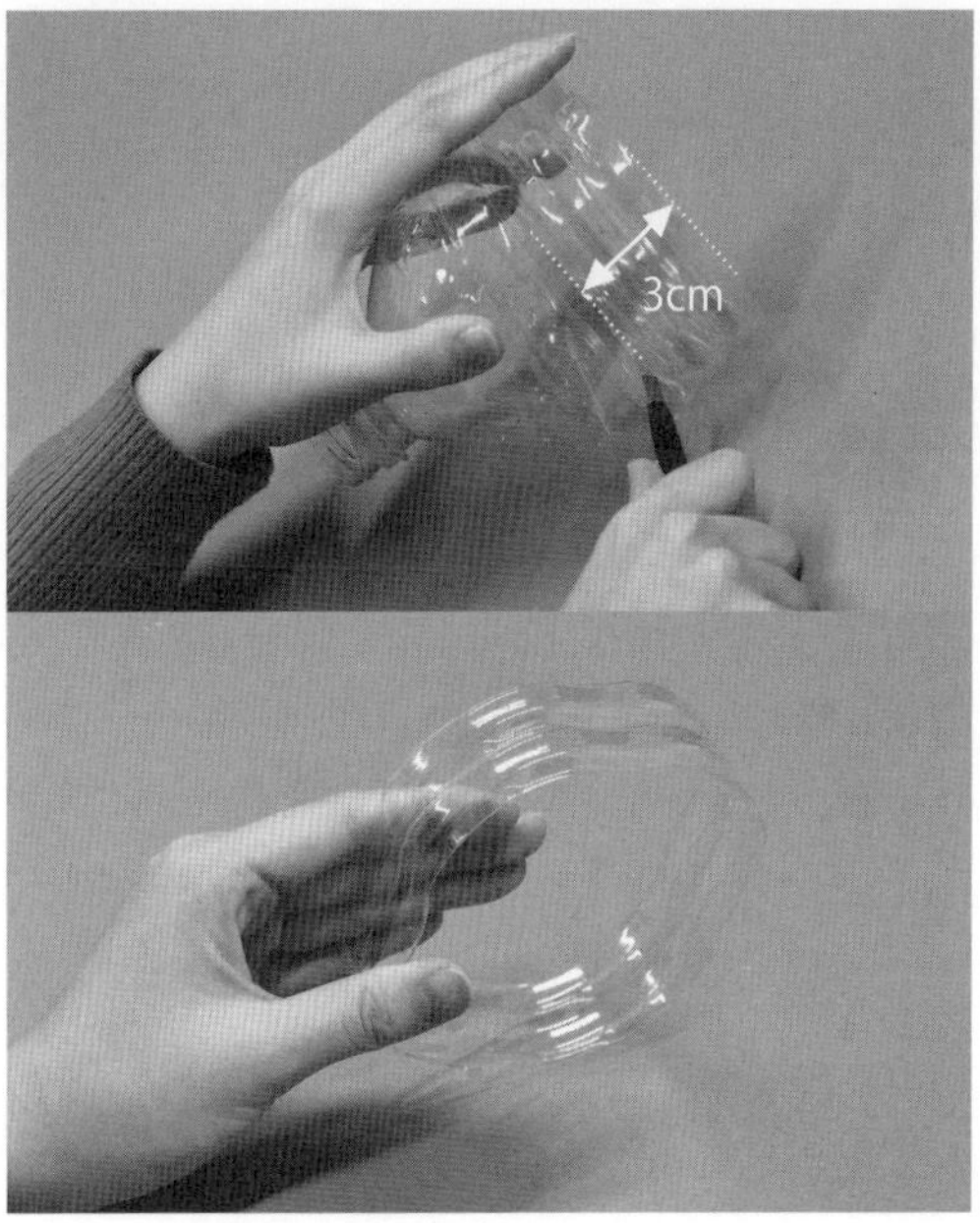

3 クリップと糸をつなぐ

長さ15㎝ぐらいの糸の片側に輪を作り、その輪にクリップを通しておきます。

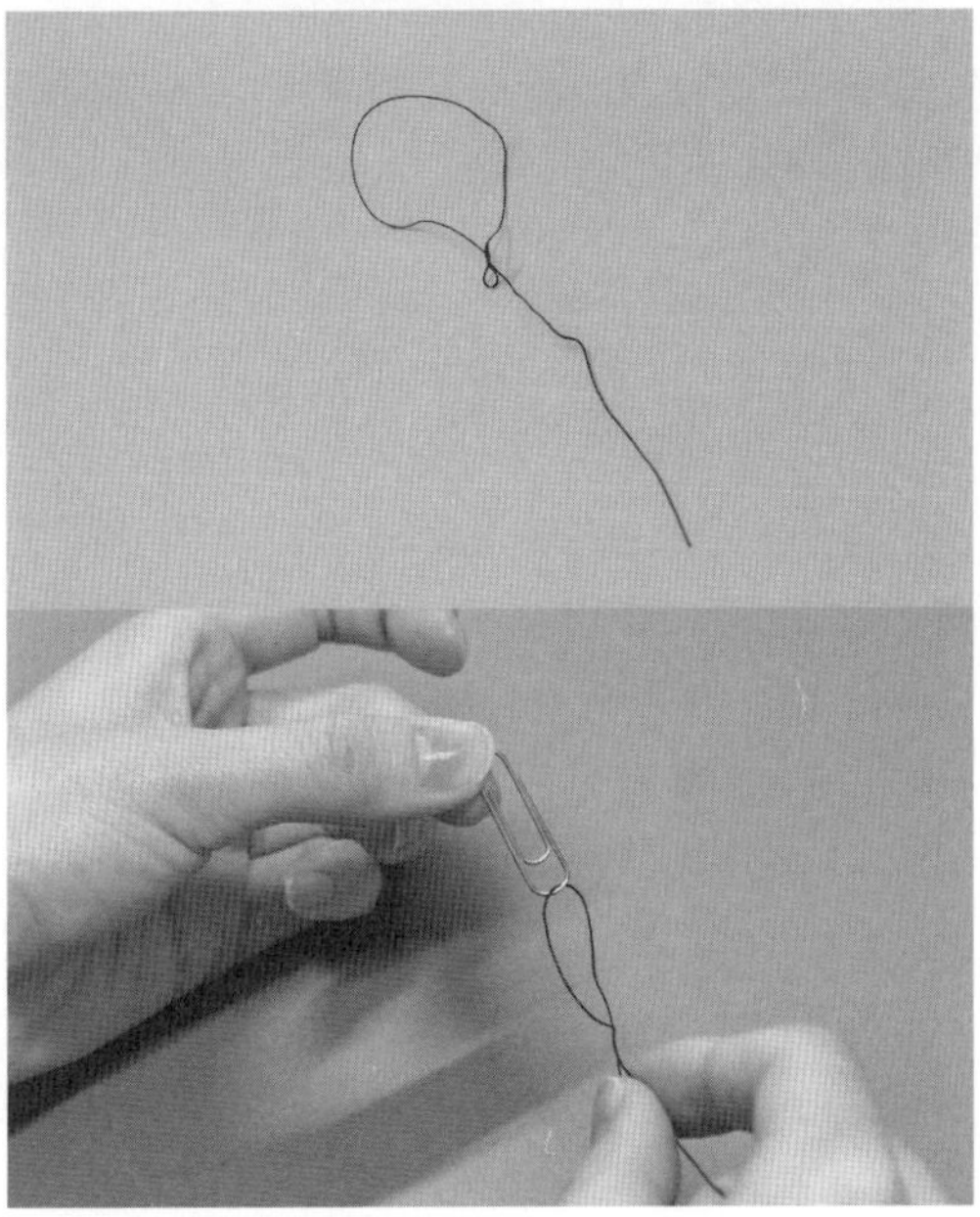

4 ネオジム磁石を貼りつける

ペットボトルから切り出した輪の一辺の中央にはさみで切り込みを入れ、その反対側の一辺中央にネオジム磁石３枚を重ねて貼ります。

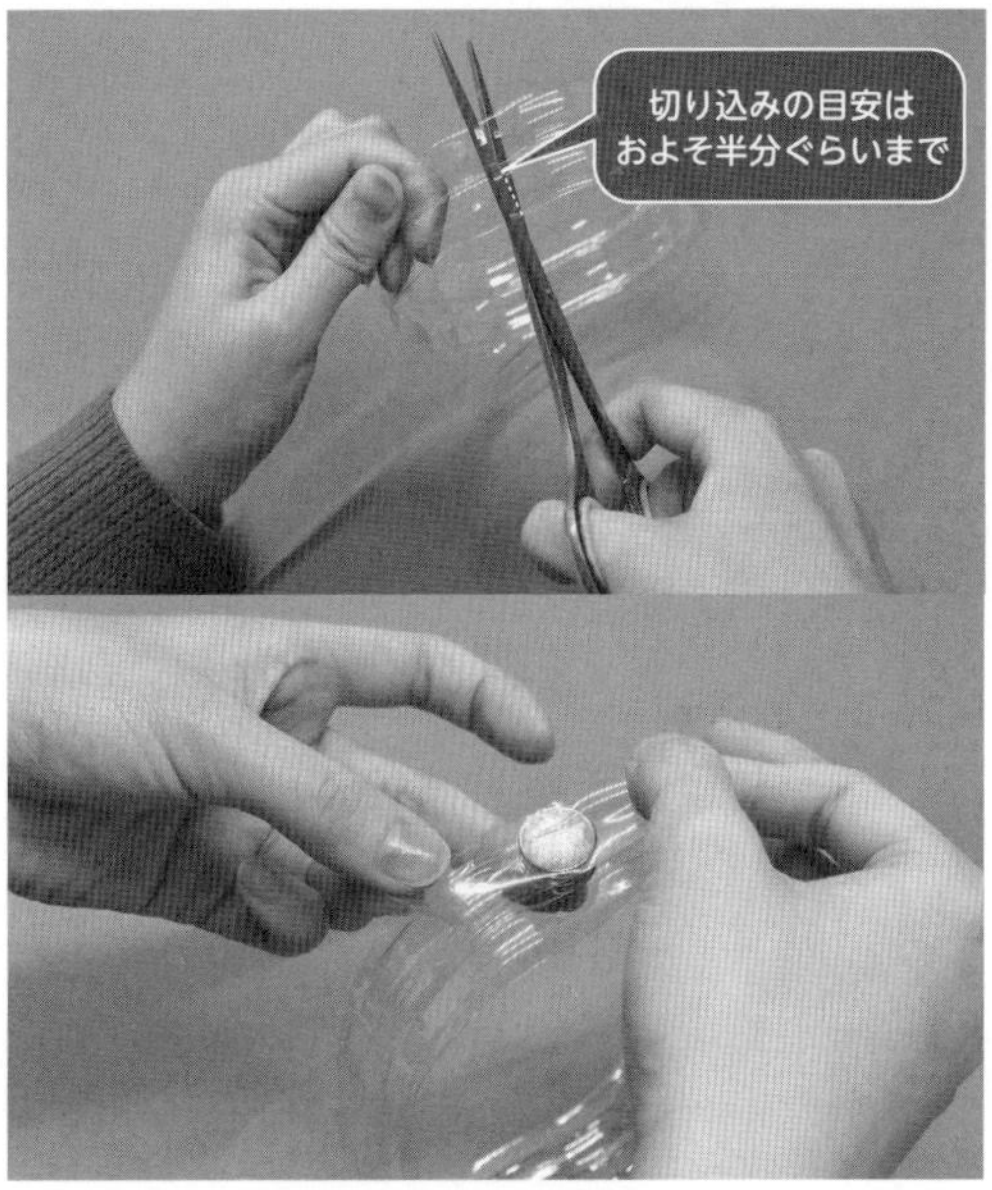
切り込みの目安は
およそ半分ぐらいまで

5 クリップを取りつける

クリップがついた糸の端を、輪の切り込みにはさんで、磁石に引っ張られながらもくっつかず、空中でピンと張るように調整します。

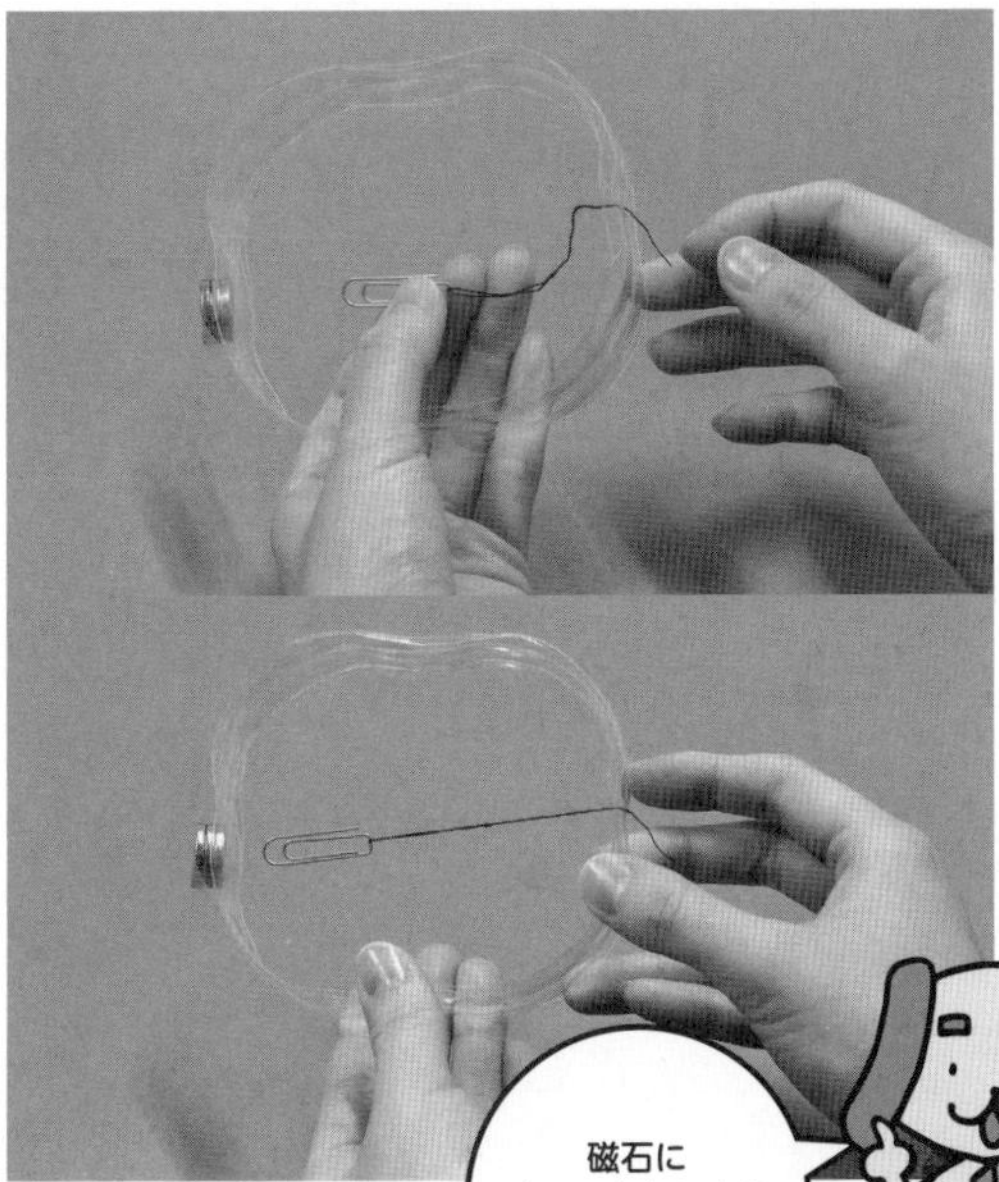

磁石に
くっつかないよう
調整しよう！

6 キャラクターを作る

クリップの大きさに合わせた紙２枚に好きなキャラクターを描き、クリップの両側から両面テープで貼ります。ここでは女の子を描きました。

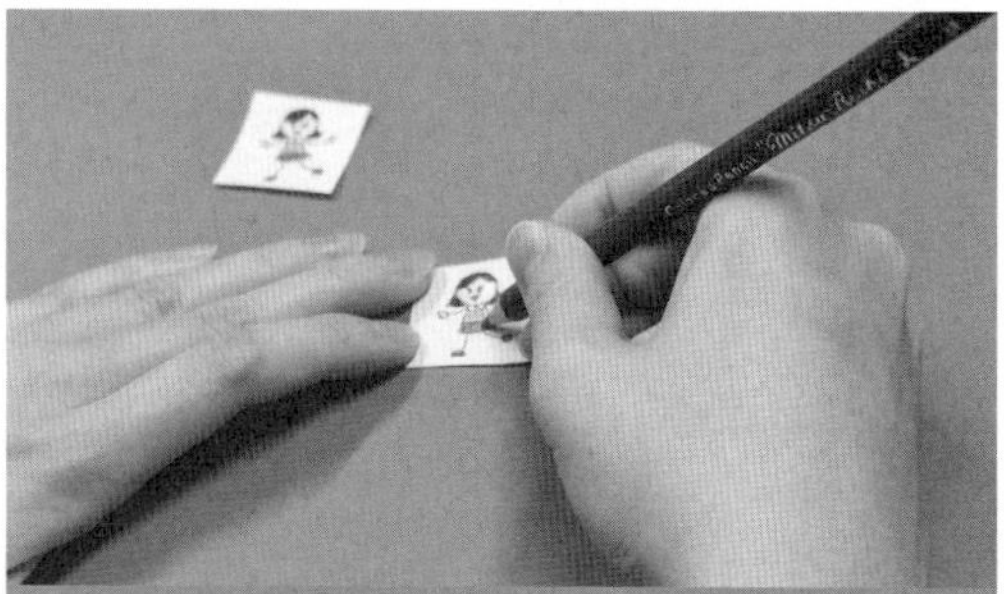

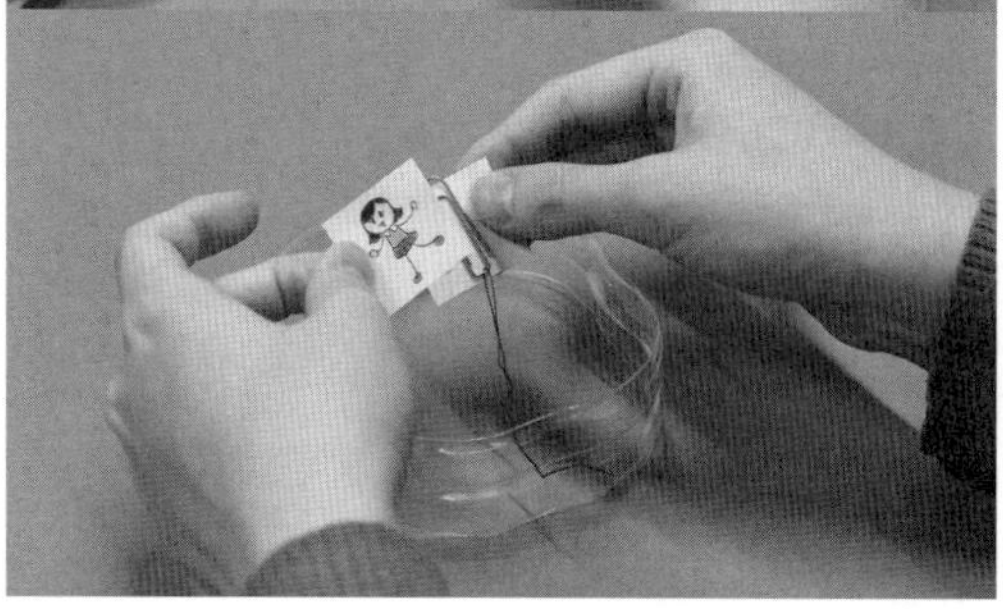

7 キャラクターが空中に浮かぶ

紙に描かれたキャラクターが空中に浮かんでいるようにして、下部を手で押さえます。

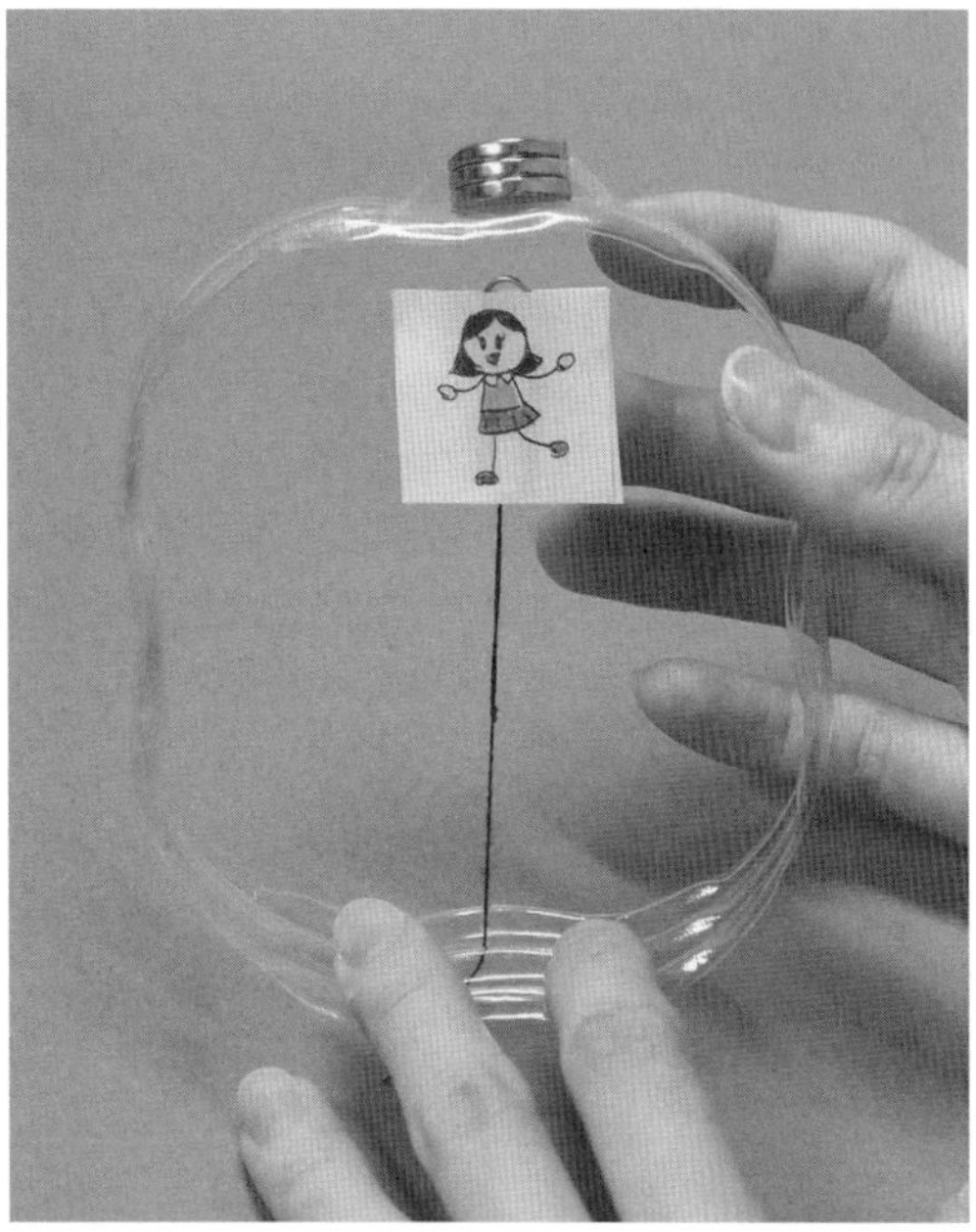

8 上部のネオジム磁石を押したり離したりしてみよう

上部のネオジム磁石をクリップにくっつかないよう注意して、指で押します。ペットボトルでできた輪は、指の力を緩めると押し戻されます。その動作を素早く繰り返してみましょう。なにが起こるかな。

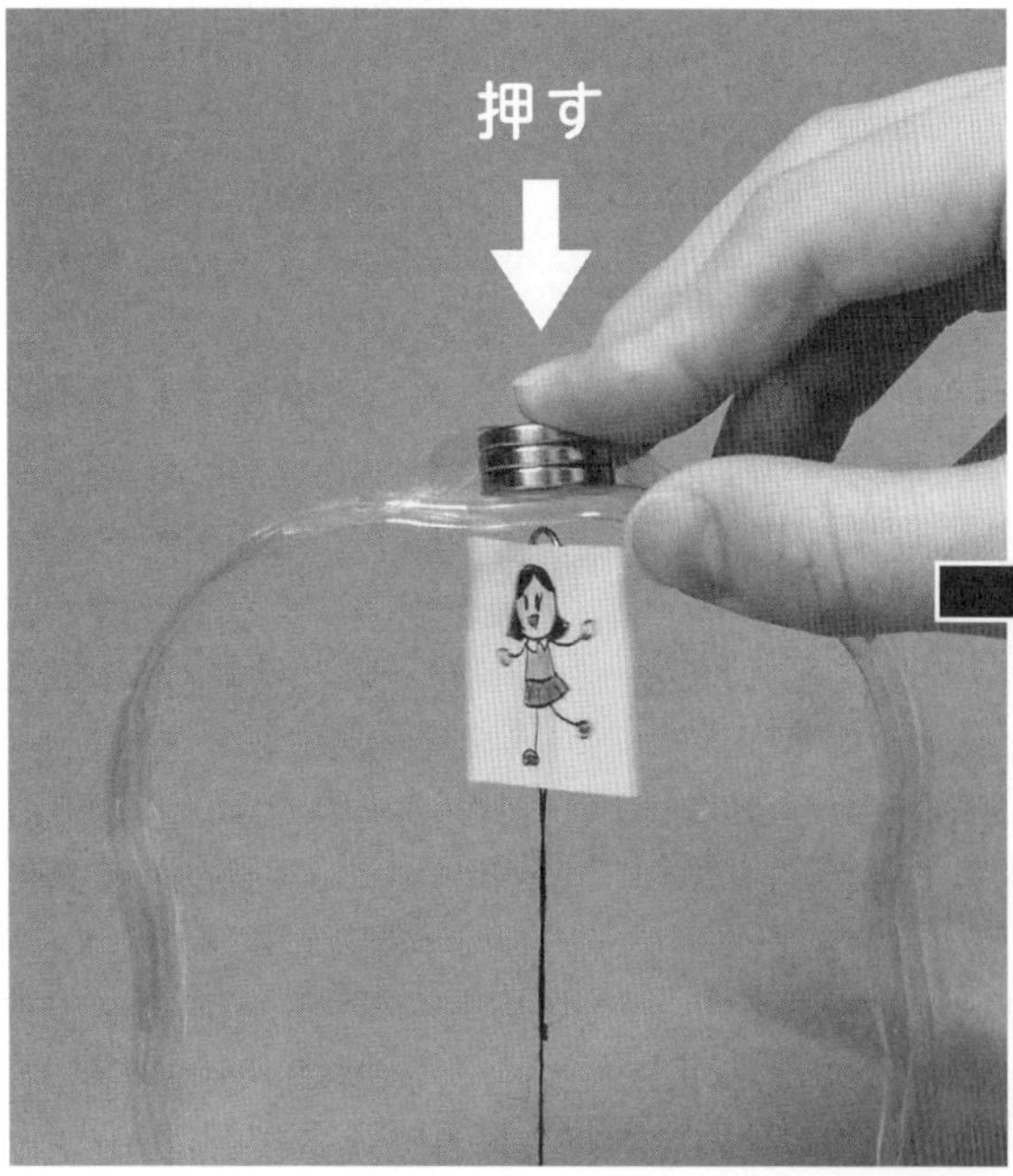

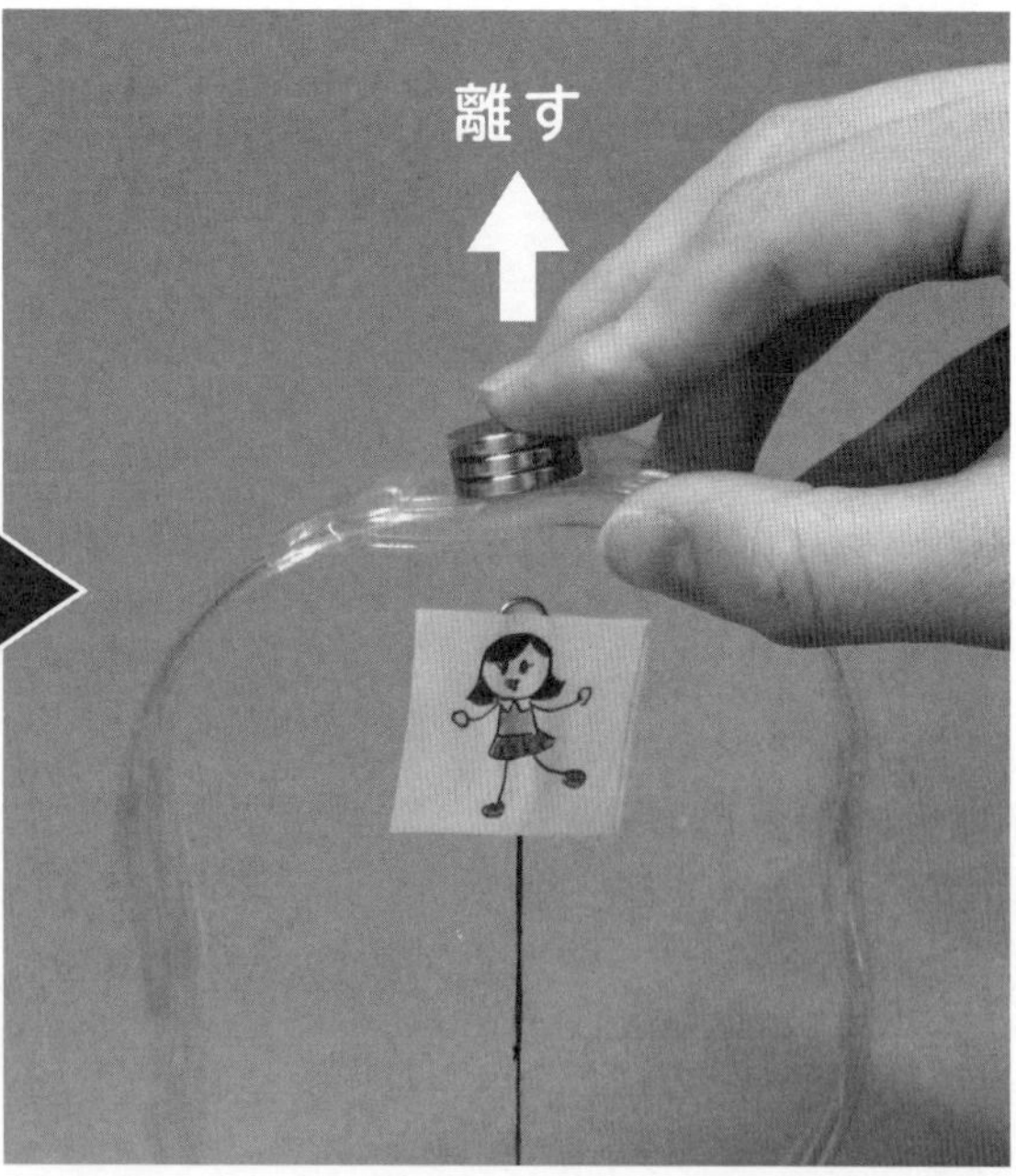

9 キャラクターがびっくりするようなスピードでビュンビュン回る

ネオジム磁石をタイミングよく押したり離したりすると、キャラクターが勢いよく回転して踊り出します。よくみると、押したり離したりするのに合わせて、右回り、左回りが入れ替わるようにして繰り返されていることに気づきます。とても不思議な現象ですね。

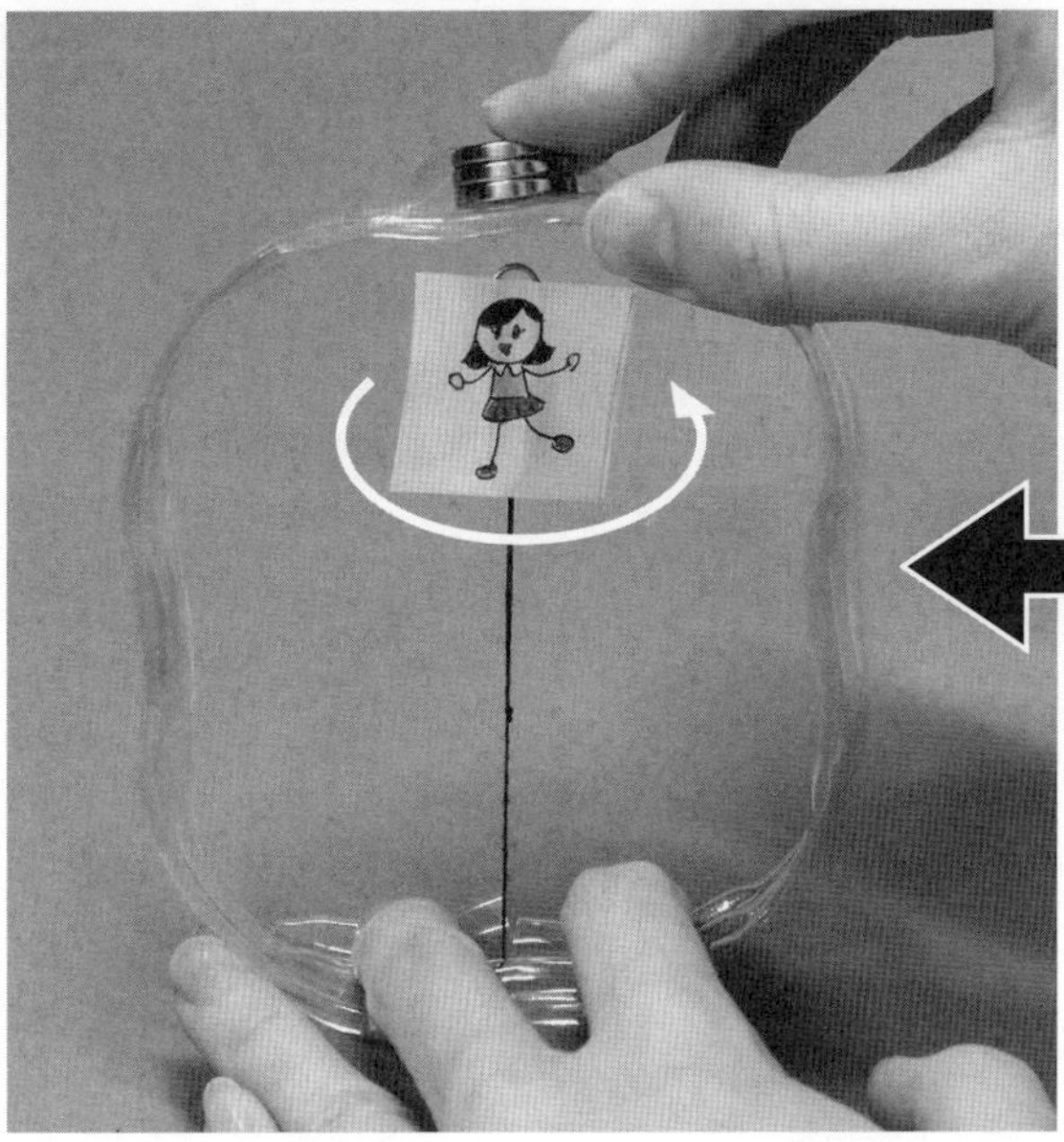

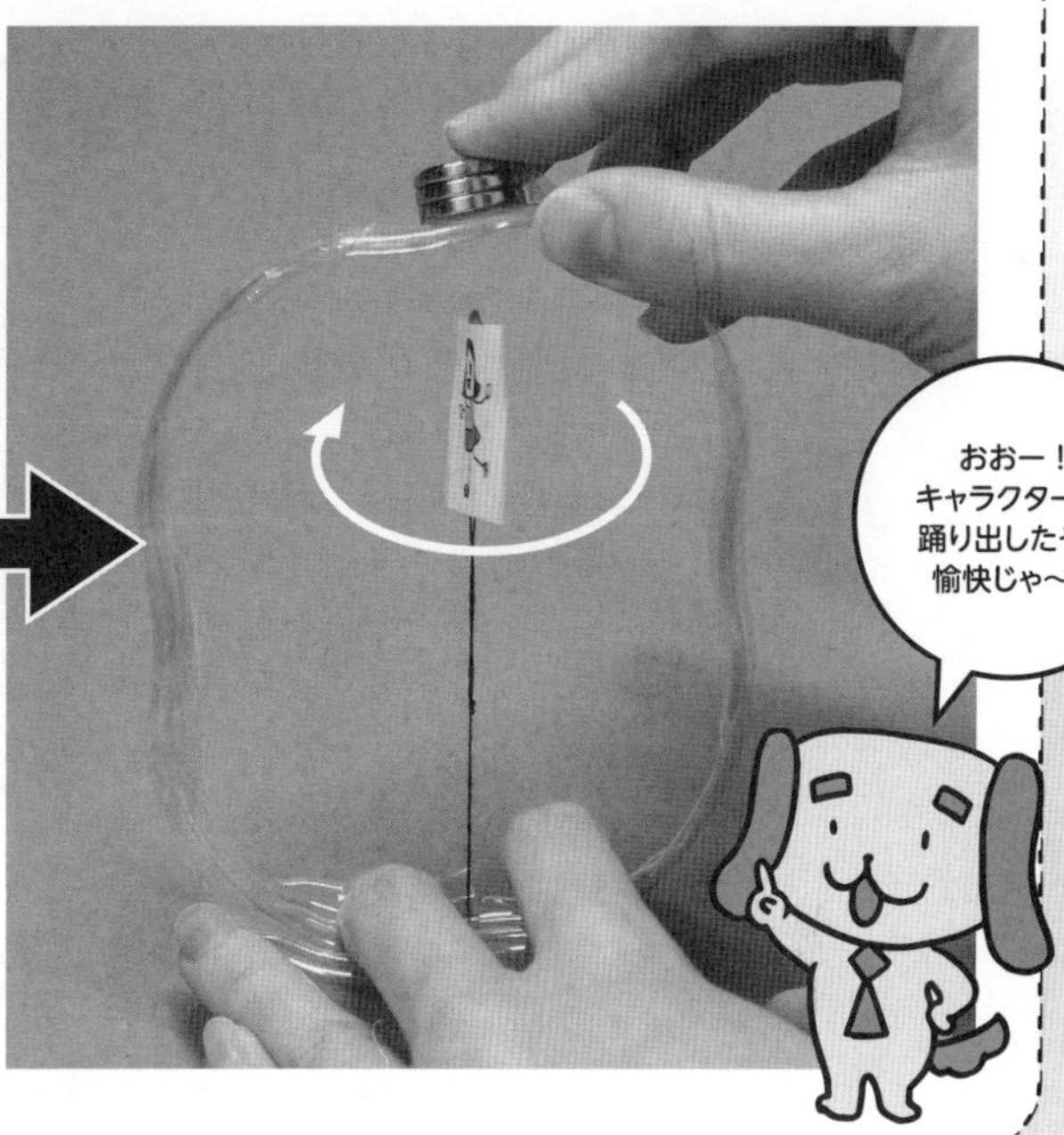
おおー！
キャラクターが
踊り出したぞ！
愉快じゃ〜。

解説 磁石と磁性体が織りなす電磁誘導とは

磁石は、2つの極（磁極）、NとSを持ち、磁界を発生させる物質です。磁石にくっつく物質は磁性体と呼ばれ、磁石の磁力によってその物質も磁石になることができるもののことです。

鉄は磁石にくっつく最も身近な磁性体です。今回使用したクリップは鉄でできています。

磁石が上下すると磁界に逆方向の電流が流れる

磁石は磁界を発生させ、その磁界は物質の電子を動かし、電流を生み出します。この電流により新たな磁界が生じ、元の磁石の磁界と反作用を起こします。これが物質（ここではクリップ）が回転する要因です。

磁石が近づいている間は、同様の向きの電流が発生し続けますが、磁石が遠ざかるときは、離れていく磁界により、逆方向の電流が流れます。

磁石が上下に動くと、クリップの電流と磁界も連続的に変化します。この繰り返しにより、クリップが正転・逆転を繰り返しながらクルクル回るのです。

このようにクリップが回る理由は、電磁誘導という現象によるものです。

中学校の理科（物理）では、「電磁誘導」を学びます。「反作用を起こす」という説明をしましたが、これは高校物理で扱う「レンツの法則」からも説明できます。

電磁誘導は日常生活に利用されている

電磁誘導が最も多く利用されているのは、発電施設です。例えば火力発電所では、化石燃料などを燃やして水を加熱して水蒸気を作り、そのときの蒸気圧を使ってタービンを回転させます。タービンの先には電磁石がついており、少量の電力と電磁誘導で大量の電力を生み出しています。

IHクッキングヒーターは、電磁誘導で生じる電流と、それに対する抵抗を利用して加熱する仕組みとなっています。

さらに、置くだけで充電できるスマートフォン充電器や、ICカードなどにも電磁誘導は活用されています。

知らずしらずのうちに日常生活のいたるところで使っている、電磁誘導は非常に身近な物理現象です。

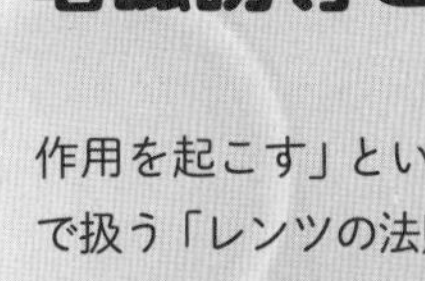

動画はこちら▶

磁石を押したり離したりすると、キャラクターがビュンビュン回転しているよ。

そうだったのか!

中学生のための経済学

山本 謙三
オフィス金融経済イニシアティブ代表、前NTTデータ経営研究所取締役会長、元日本銀行理事。

「経済学」って聞くとみんなは、なにか堅〜いお話が始まるように感じるかもしれないけれど、現代社会の仕組みを知るには、「経済」を見る目を持っておくことは欠かせない素養です。そこで、経済コラムニストの山本謙三さんに身近な「経済学」について、わかりやすくお話しいただくことにしました。今回は、経済学を理解するうえで知っておきたい、1つの用語を紹介します。

「合理的な経済人」とは何者か?

大学で習う経済学では、はじめに人々が「合理的な経済人」であると仮定して議論が進みます。今回勉強するのは、このなかなか耳慣れない「合理的な経済人」についてです。

「合理的な経済人」は利己的な人物像

まず、なぜこうした人物像の仮定が必要なのでしょうか。例としてボールを投げることを考えてみましょう。「遠くへ投げたい」「速い球を投げたい」など、最初にボールを投げる目的を定める必要があります。次に、遠くへ投げたいのであれば、どんなフォームで投げるか、どの角度でボールを離すかを考えます。目的や、その達成のための選択肢、選択の基準を仮定することが重要というわけです。

経済学も同じで、1人ひとりの経済活動が経済全体にどのような結果をもたらすかを考えるうえで、1つの目的と一定の行動基準を持つ人物像の仮定が必要となります。これが「合理的な経済人」と呼ばれるもので、日々の経済活動のなかで、自己の利益を合理的に追及する人物像を仮定します。この目的を果たすために、意思決定にあたっては入手可能な情報をフルに活用する人物です。

もちろん、現実の世界にそのような人間はいません。入手可能な価格情報をすべて集めて比べることはせず、いつも同じ場所で買いものをする人は多いでしょう。また、他人のために無償で奉仕する人も少なくありません。それでも「合理的な経済人」の仮定をおくのは、すべての人物像を描くのが難しいことと、人物像を単純化することで経済の仕組みを浮き彫りにできるメリットがあるからです。

利己的な行動が効率的な社会を生む

この議論の特徴は、みんなが「合理的な経済人」として消費や投資を行えば、最も効率的な経済社会が実現するとの結論が得られる点にあります。やや意外な印象がありますが、これは個々の自由な経済活動と、市場での自由な取引を尊重する考え方につながるのです。

いま、トレーディングカードを買いたい人が2人いるとしましょう。売り手が5000円の値段を提示したとき、1人はこれに応じ、他方は応じなかったとします。5000円を出した人は、自分の手元のお金と「買いたい度合い」を考えて購入を決めたのでしょうし、買わなかった人も同様の基準に照らして選択したのです。つまりどちらも「合理的な経済人」として判断したと考えられます。同じように売り手側も、5000円を提示する売り手と、同種のカードに1万円を提示する売り手がいれば、前者は「安い値段でも早めに売りたい度合い」が強かったと推察されます。

©PIXTA

経済学では「買いたい度合い」の積み上げを「需要」、「売りたい度合い」の積み上げを「供給」と呼び、2つが一致する点で市場の価格が決まります。この例では5000円がそうです。1万円の売り手は買い手を見つけられませんでしたが、次の機会には期待通りの値段で売れるかもしれません。5000円で買わなかった人は、そのお金で別のものを買って満足を得られます。5000円という価格は、買った人、買わなかった人、売った人、売らなかった人の全員が満足している状態といえます。

もし政府が介入して「1万円以下で売ってはならない」との規制を導入すれば買い手は現れず、取引が成立しません。市場の自由な価格の形成に任せれば、5000円で売りたい人と買いたい人の希望を満たせたのに、政府が介入したために人々の満足度が下がってしまったわけです。「合理的な経済人」の仮定をおくだけで、市場経済が統制経済よりも優れているなどの結論を導き出せるのです。

人々の合理的な行動を促すには？

とはいえ、「合理的な経済人」は単純化された仮定なので、経済の仕組みのすべてを語れるわけではありません。そこで、より現実に近い人々の行動を探る試みがこれまでも繰り返し行われてきました。最近とくに注目されているのは行動経済学と呼ばれる分野で、実験などを通して人間の行動を観察し、人々が現実に行う意思決定の過程を調べています。

例えば、ナッジと呼ばれる理論があります。「ひじで軽く突くこと」を意味し、強制ではなく、人々が自発的に行動するよう（ひじで突くように）そっと促す仕かけをいいます。人の心は必ずしも強くないので、どんなに健康によくても運動習慣はなかなか定着しません。こうした三日坊主型の行動は「合理的」とはいえません。そこで最近は、人間ドックの結果が良好だと保険料を割引するプランを生命保険会社が提供するなどして、健康の増進をそっと促しています。これがナッジです。

行動経済学からは、ほかにも多くの示唆が得られています。ただし「合理的な経済人」の仮定のもとで発展した従来の経済学ほどには、経済社会全体を描くにいたっていません。経済学はまだまだ発展中の学問なのです。

淡路雅夫の

中学生の味方になる子育て 第15回

楽しむ 伸びる 育つ

profile **淡路雅夫（あわじ まさお）** 淡路子育て教育研究所主宰。國學院大学大学院時代から一貫して家族・親子、教育問題を研究。元浅野中学高等学校校長

個性が違う仲間と触れあい 互いに成長してこそ部活動

今回は部活動の意味を中心に、文武両道の課題についてお話しします。

中学生になると、多くが部活動に参加するでしょう。部活動は、強制的にやらされるものではなく、生徒が自己の趣味や好奇心に駆られて自主的に活動するものですから、思春期の中学生にとってはとても貴重な時間です。

また、部活動は、趣味を活かすだけでなく、共通の趣味を通して、ものの見方や育ち方の異なるグローバルな仲間と共存する生活に意味があります。生徒にとっては内省したり喜びを共有したりして成長できる、人との出会いの場にもなります。

部活動は、学校の課外活動とされてはいますが、他者とのかかわりによって創造力や仲間と工夫する力、自己の人間力を育む多様な体験、さらには社会性を学ぶ機会です。一生の友を得る生徒も少なくありません。

学校教育では、こうした部活動の意味を重視して、顧問教員や指導員を配置し、生徒の積極的な参加を呼びかけ奨励しているのです。

最近の部活動の現場での指導状況について、少し説明しましょう。

これまでの学校教育は、教員が教え過ぎて子どもの依存度が高くなり、主体性や創造性の脆弱な子どもを育ててしまう面がありました。

その反省から、子どもの主体性や話しあいの指導に力を入れるようになり、部活動の指導にも変化がみられます。

部活動は、部員が自分の好きなことを行う集団ですが、生徒にはそれぞれ個性や特徴がありますから、感情や意見の対立も起こります。

そこでいま、指導者は部活動の意味をよく説明し、部員の主体性や協働する力が培われるような指導を心がけるようにしています。

顧問の多くは、部員のトラブルに気づくと「どこに問題があるのか」「どうすれば問題が改善できるのか」を生徒同士で話しあわせます。

この対話が生徒を伸ばすポイントなのです。主将やキャプテンが決まっていても、ときにはみんながチームのリーダーであり、また、サポートするフォロワーとして、互いがチームを支えるような指導です。

部員は、みんな部活動が好きですから、1人ひとりがチームの当事者でなければなりません。同時に、みんなでチームをよくするために自分たちの活動を、つねに俯瞰《ふかん》する目を養う必要があるのです。

だれかがミスをしても みんなで改善に向かう集団

昨年夏の高校野球甲子園大会で話題になったスマイルベースボールを思い起こしてください。スポーツに失敗はつきもの。まずは失敗しない練習が必要ですが、どんなに準備し、努力してもミスは起こりえます。

しかし、ミスした部員を叱責してもチームはよくなりません。仲間は怒るのではなく、みんなで同じ失敗を繰り返さないための備え、つまり話しあいをすることで乗り越えようとします。

部員同士で「なぜ、うまくいかなかったのか」を振り返り、課題を改善することが、仲間の連帯感を強くし、チームをよい結果に導くのです。従来の勝つことが目的の勝利至上主義の部活動とは異なるあり方ですね。

この話しあいがチーム力を高め、部員に笑顔を生み、チームを次のステージに導くことになるのです。

対話ができる心のゆとりが部内に醸成されることが重要なのです。

結びに部活動と勉強の関係から「文武両道」についてお話しします。

部活動の成果を上げるポイントは3つ考えられます。1つ目は、練習の段取りです。今日の練習内容を振り返り、その日、気づいた課題をノートなどにまとめることです。できればその課題を顧問の先生に確認してもらい助言を受けるとよいと思います。

2つ目は、練習時間の管理です。練習内容は基礎づくりと課題の習得です。必ずしも長ければよいとは限りません。あくまでも個人やチームが改善されるための時間です。

3つ目は、課題を改善しようとする集中力です。互いに弱点を補おうという目標を持ってチーム全体で改善する意識を育てることです。

この部活動における指導のポイントは、じつは、勉強面にも共通していることなのです。勉強面での振り返りによる段取りと時間の管理こそ、たとえ短い時間の勉強でも、文武両道を実現する方法なのです。

中学生のみなさんも、部活動の意味をよく理解して楽しく活動を進めてください。

〈つづく〉

PICK UP NEWS
ピックアップニュース！

小型無人探査機「ＳＬＩＭ」の月面着陸に関する記者会見後、撮影に応じる宇宙航空研究開発機構（ＪＡＸＡ）の國中均・宇宙科学研究所長（中央左）、坂井真一郎・プロジェクトマネージャー（同右）ら。背後の画像は小型ロボット「ＬＥＶ-２」が撮影した着陸後のＳＬＩＭ（２０２４年１月25日、東京都千代田区）写真：時事

今回のテーマ

「SLIM」月面到着

日本初の月面着陸をめざしていた小型月着陸実証機「SLIM（スリム　Smart Lander for Investigating Moon）」が１月、月面への着陸に成功しました。月面への着陸は旧ソ連、アメリカ、中国、インドに続いて世界で５カ国目です。

SLIMは縦1.7m、横2.7m、高さ2.4m、重さは燃料を除いて約200kgと小型・軽量で、太陽電池で発電し、活動する仕組みです。宇宙航空研究開発機構（JAXA）が開発した高精度の着陸技術を持つ実証機で、従来機の「着陸できる場所に着陸する」ではなく、「着陸したい場所にピンポイントで着陸できる」能力を持つことが特徴です。今回は着陸目標地点から誤差100m以内を想定していましたが、実際には目標の55m東に着陸したことが確認されています。これまでの月探査機は誤差が数kmから数十kmでしたから、大変な精度です。

しかし、当初予定していた機体を横に倒して斜面に着陸する「２段階着陸」はうまくいかなかったようです。着陸寸前にメインエンジンの１つが破損して姿勢が崩れたことが原因と考えられています。このため、着陸時に上を向くはずの太陽電池が光の当たらない西側を向いてしまい、太陽光を得られず、太陽光発電が機能しませんでした。JAXAは着陸後にいったんSLIMの稼働を停止させましたが、その後太陽の位置が発電パネルに向いたこともあって、地上との通信が回復し、月面の画像を取得することに成功しました。

SLIMが観測対象としているのは着陸したクレーター付近の６つの岩石で、それらの画像を分析することで、月の起源や進化を探ることが期待されています。月がどんな成分の岩石からなり、どんな進化を遂げてきたかを知ることは、地球の成り立ちの理解にもつながると考えられています。

月探査には現在各国の熱い目が注がれています。各国が将来、見据えている火星や金星、その他の惑星への探査に月を中継基地として使用するという遠大な構想があるからです。

宇宙開発の足がかりとなる月探査の競争が世界的に激しくなるなか、今回のSLIMの着陸は、日本の高い技術力を世界に示したことになるわけで、その意義は大変大きいといっていいでしょう。

ジャーナリスト　大野 敏明
（元大学講師・元産経新聞編集委員）

思わずだれかに話したくなる

名字の豆知識

第40回

都道府県別の名字 今回は

福井

福井の名字と竹内姓の伝説

「北」から「福居」へ地名の変遷をたどる

福井県は越前国《えちぜんのくに》と若狭国《わかさのくに》から成立しました。大ざっぱには北側の越前地方を嶺北《れいほく》、南側の若狭地方を嶺南《れいなん》といいます。1962年に開通した当時最長の北陸トンネルは、この嶺《みね》にあたる木ノ芽峠《きのめとうげ》の直下を通っています。

県名の福井は県庁所在地の福井市からつきました。福井市は江戸時代初期までは北庄《きたのしょう》と呼ばれていました。のちに豊臣秀吉《とよとみひでよし》と賤ケ岳《しずがたけ》で戦って敗れた柴田勝家《しばたかついえ》が北庄城を築城したのです。

江戸時代前に青木一矩《あおきかずのり》、次いで結城秀康《ゆうきひでやす》が入封※1しましたが、青木一矩は病没して除封※2となり、秀康の子の松平忠直《まつだいらただなお》は将軍家に不遜《ふそん》な態度をとったということで改易となり、忠直の弟、忠昌《ただまさ》が北庄に入りました。これが幕末まで続く越前松平《えちぜんまつだいら》氏です。忠直は時の将軍、徳川秀忠《とくがわひでただ》の兄の子であったことから、本来なら自分が将軍になるはずと考えており、不遜な態度をとったのでしょう。このあたりの話は菊池寛《きくちかん》が『忠直卿行状記《ただなおきょうぎょうじょうき》』という小説に書いています。

どんな特徴？福井県ベスト20

さて忠昌は北庄に入りましたが、これまで北庄に入った柴田勝家、青木一矩、松平忠直といずれも滅亡、除封、改易となったことから、「北」が「敗北」につながるとして地名を改めます。北庄には中心地に「福」という地名があったため、「福に居る」という意味で「福居」としました。1624年のことです。それが元禄時代ごろから「福井」と書かれるようになったといいます。現在も福井市には福町という大字があり、これが福井の名の元ということです。

また、26代継体《けいたい》天皇は越前の出身とされています。継体天皇は15代応神《おうじん》天皇の孫の曾孫にあたります。古事記や日本書紀では粗暴な25代武烈《ぶれつ》天皇亡きあと、武烈系の血が絶えたため、遠縁から継体天皇を迎えたことになっていますが、武烈系とは異なる、新たな継体王朝の成立とする学説もあります。とすれば、現在の天皇

※1 にゅうほう＝江戸時代、土地を与えられて大名がその領地に入ること。
※2 じょほう＝大名の身分を剥奪して所領と城・屋敷を没収すること。刑罰の一種。改易（かいえき）も同じ意。

家のルーツは福井県と考えることもできます。

それでは福井県の名字ベスト20をみてみましょう。田中、山本、吉田、山田、小林、中村、加藤、斎藤、佐々木、清水、山口、前田、林、伊藤、竹内、渡辺、橋本、高橋、酒井、谷口です（新人物往来社『別冊歴史読本 日本の苗字ベスト10000』より）。

ついに田中がトップとなりました。関西の傾向が顕著ということです。全国ベスト20以外の名字は前田、竹内、橋本、酒井、谷口の5姓です。このうち前田と酒井は富山県、橋本は福島県、谷口は石川県の回でそれぞれみましたので、ここでは竹内についてみましょう。

福井 古代ロマン感じる竹内姓の由来

竹内は全国54位。竹内と武内は、もとは同じと考えられています。神話上の人物に武内宿禰《たけのうちのすくね》がいますね。武内宿禰は第8代孝元《こうげん》天皇の曾孫ということになっていて、景行《けいこう》、成務《せいむ》、仲哀《ちゅうあい》、応神、仁徳《にんとく》の5代の天皇に仕え、300年ほど生きたとされています。仲哀天皇の皇后、神功《じんぐう》皇后の三韓出兵にもお供して、朝鮮半島に渡ったという伝説もあります。

この武内宿禰から巨勢《こせ》、蘇我《そが》、平群《へぐり》、葛城《かつらぎ》、紀《き》の各氏が出ています。武内宿禰本家の子孫も増え、武内氏、竹内氏として繁栄していきました。武内宿禰の子孫で武内を名乗った家の分家が竹内となったのでしょう。

ですから、現在の武内、竹内姓は、元は武内宿禰ということになりますが、武内宿禰自体が実在の人物とは考えられていません。継体天皇といい、武内宿禰といい、福井県は古代のロマンを感じる県です。

竹内という大字は栃木県芳賀郡市貝町、富山県南砺《なんと》市、鳥取県東伯郡琴浦町にあり、これらは「たけうち」と読みます。千葉県南房総市、富山県中新川郡舟橋村、奈良県葛城市の大字は「たけのうち」と読みます。

福島県伊達市保原町の竹内町は「たけうちまち」と読み、鳥取県境港市の竹内町は「たけのうちちょう」と読みます。これ以外に静岡県伊東市と大分県別府市に大字「竹の内」があり、大阪府高槻市に「竹の内町」があります。さらに佐賀県武雄市の大字に「武内町梅野（たけうちちょううめの）」と「武内町真手野（たけうちちょうまての）」があります。

竹内、武内のいずれも、かつては「たけのうち」と「の」を入れて読んだのですが、時代が下がって、だんだん「の」が取れていったと考えられます。

ちなみに武内は全国577位、福井県では200位以内に入っていません。

これ以外では川端、白崎、南部、玉村、三田村、野路などが福井県に多い名字です。

福井県で感じる日本の古代ロマン

13歳からはじめる読解レッスン

長文だってこわくない！

「国語大好き！」「国語って勉強する必要あるのかな？」「読解力ってどう上げるんだ!?」と思うすべての中学生に贈る現代文の読解レッスンのページです。合言葉は「長文だってこわくない！」。

吉岡《よしおか》 友治《ゆうじ》先生
日本語の論理的文章メソッドを確立し幅広く活動する。参考書などを多数執筆。

かんじくん
将来は海外で働くことを夢見る中学2年生。吉岡先生のもと、国語力アップをめざす。英語も大好き。

かなさん
かんじくんの妹。読書が大好きな中学1年生。国語をもっともっと本格的に学びたいと思っている。

第2回 国語で触れる文章ってどんなもの？

国語で扱うのは「書き言葉」

さあ、今月も読解の勉強を始めよう！ ……って、あれ？ その子は？

妹のかなです。国語が好きで、どうしても先生から教わりたいって言うから、連れてきました。

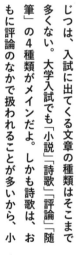

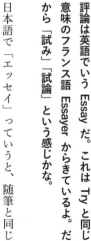

前回の復習はばっちりですし、おもしろかったです。「国語は言語を通じて世界を理解する科目」なんですよね。さっそく質問ですが、国語で話し言葉をあまり学ばないのはなぜですか？ 同じ言語でも、英語は「読む」「書く」「話す」「聞く」の4技能を学ぶのに。

私は「話す」「聞く」にも力を入れるべきだと思うんだけど、教える方法が確立していないせいかな？ 国語という教科で扱うのはおもに「書き言葉」、つまり文章なんだ。

でも、文章といっても色々ありますよね。報告文とか紀行文とか論説文とか。たくさんありすぎて違いがわからないし、入試でもどう読んでいけばいいのか悩んでしまいそうです。

じつは、入試に出てくる文章の種類はそこまで多くない。大学入試でも「小説」「詩歌」「評論」「随筆」の4種類がメインだよ。しかも詩歌は、おもに評論のなかで扱われることが多いから、小説と評論と随筆の特徴と設問パターンを知っておけば、大体、どんな試験でも対応できるよ。

結構少ないんですね。

ただね、これらの文章はそれぞれ書かれた目的や読み手に与える印象が違うから、読み解き方も異なる。また同じ文章でも、どこに注目するかで理解の仕方も違ってくるんだ。

大学入試で出題される「小説」「詩歌」「評論」「随筆」

「小説」は物語のことですよね？

入試ではそうだね。でも厳密には違う。物語の起源は小説よりも古い。小説は英語でNovelというけど、「新しい」「新奇な」という意味のラテン語 Novus/Novellus からきている。つまりもともとは「新しい物語」を意味していた。だから物語というと小説よりも古いものをさすんだ。「詩歌」となると、物語よりもっと古いんだ。

へー知らなかった。でも、「小説」「詩歌」はわかったけれど、「評論」「随筆」はなんですか？

評論は英語でいうEssayだ。これはTryと同じ意味のフランス語 Essayer からきているよ。だから「試み」「試論」という感じかな。

日本語で「エッセイ」っていうと、随筆と同じ意味で使いませんか？

英語では違うんだ。私がアメリカの大学院で学んでいたころ、Essay を毎週のように書かされたよ。日本の大学でいう「レポート」かな。

それならEssayは、学校で習ったことをまとめて報告する文章なんでしょうか。

Essay は報告だけではダメだ。習ったことをもとに、自分の意見を書く。しかも「私の主張は正しい」ということも示さなくてはならない。日本語でいう評論もそれに近いから、意見文だね。一方で、随筆は感想文といえる。では改めて、入試で扱われる4つの文章の特徴について詳しくみてみよう。

小説

意外性にワクワクしながら納得する

登場人物がある出来事に巻き込まれたり、事件を引き起こしたりして、様々なことを感じながらも、具体的な行動を起こす。その結末にいたるまでを書く。

ストーリー（筋）＋キャラクター（性格）＋心情の3つで構成される。ストーリーは「いつ・どこで・だれが・なにをした」と整理され、登場人物の性格は「勇気がある」「心配性」など特徴がある。人物は場面が変化するごとに悲しみや喜びを感じつつ、問題を解決しようとする。その結果、事件はなんらかの結末を迎え、物語は終わっていく。

読むときは意外ななりゆきにワクワクし、驚きつつも、最後には「なるほど」と納得するだろう。登場人物に対しては「こういう人、現実にいるな」と感じ、物語を通して出来事を追体験できる。

おもに使われる表現は、時間や状況の変化や推移、感情と風景が一体となった情景描写で、それを比喩や誇張などで印象づけるようなものになっている。

小説の構成

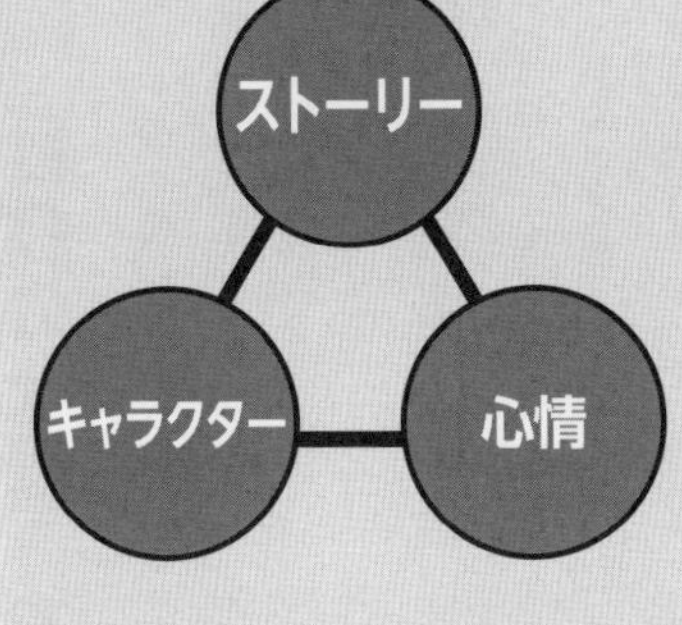

物語を追体験しつつ情景描写にも着目しながら全体の流れを追っていく必要があるね

詩歌

一瞬の気持ちを見える化

作者がある一瞬に感じた気持ちを、具体的な言葉に置き換えて表現することで、読む人の「あぁ、そうだな」という共感を誘う。韻文とも呼ばれる。

感情＋イメージ（像）＋リズムの3つで構成される。まず自分が感じた気持ちそのものに注目し、そのイメージに合う言葉を選択して具体的に表し、それを五七五や押韻（各行末の音をそろえる）などの特定のリズムにのせて、口ずさみやすくする。そのため、詩歌は話し言葉と書き言葉の中間的な形とも考えられる。

読むときには、どんな情景を言語化しているのか、筆者の着眼点に敏感になるとともに、使われている言葉、文のつなぎ方など、どのようにその情景を効果的に表現しているのか、技法にも注目する必要がある。

おもに使われる表現は、比喩や象徴（抽象的な考えを具体的な言葉で表す）、繰り返し（リフレイン）などの詩歌独特の技法である。

詩歌の構成

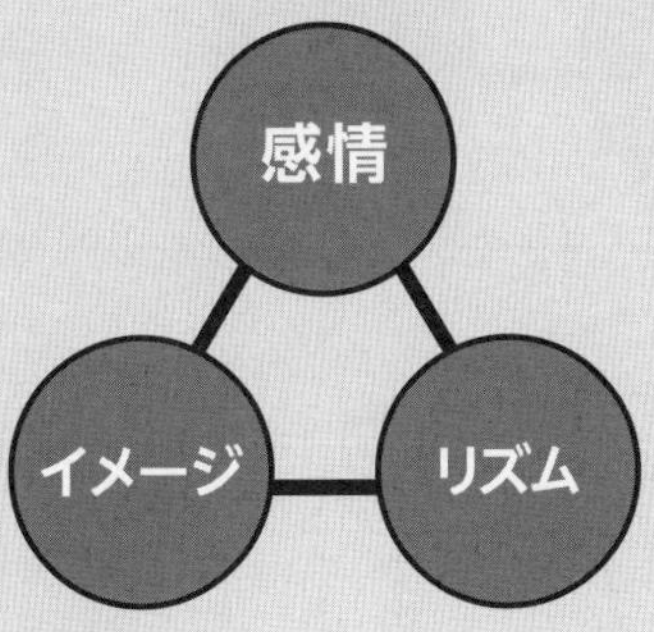
感情
イメージ
リズム

描かれている内容だけでなく表現方法にも注目することが大切なのね！

評論

社会の仕組みを考える

社会や人間そのものに疑問を持ち、その仕組みについて考え、将来を予測したり、新しい着想を提示したりする。

構造は、問題＋解決＋根拠の3つに分かれる。つまり、社会や人間に対する疑問や対立、矛盾に注目して（問題）、それをどうすれば解決できるかを示す（解決）とともに、なぜその考えが正しいのか、どのように考えるとより深く理解できるのか、証拠やデータを示しつつ証明する（根拠）。

読むときには、文章のなかに含まれる緊張関係に目を向け、それがどのように解決されるか、論理をたどって理解する必要がある。また、なにかの特徴を解明する場合は、別のものと比較して明確化する。さらに一般化・抽象化して、ほかの事柄にも拡大・応用できるようにする。

おもに使われる表現は、「……である」「……だろう」などの断定・推論であり、文の最初に述べた内容が言い換えられて次につながり、結論まで続いていく。

評論の構成

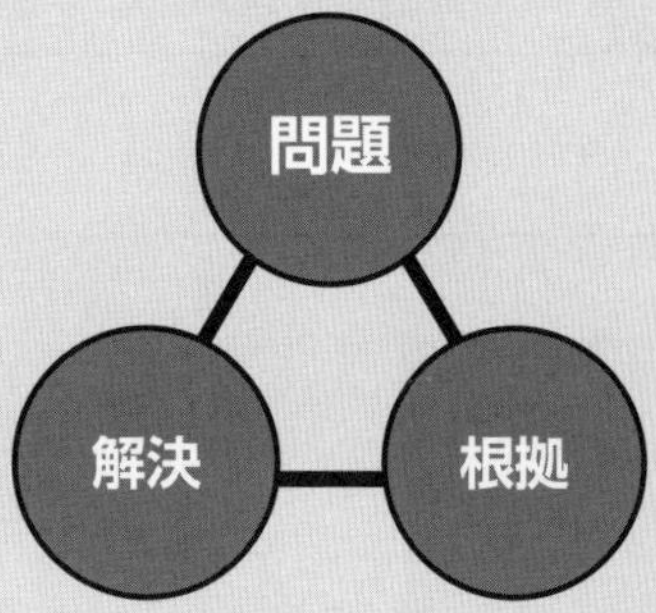

随筆

人生と生き方を感じる

まず最初に、筆者の経験や体験を具体的に描写して、そこで個人的に感じたこと、考えたことを手がかりに人生や人間の生き方についてまで一般化して伝えている文章。

構造は、体験＋感想＋思考の3つに分かれている。つまり、筆者の私生活にかかわる体験や経験を描き、そこで生じた想いをきっかけにして、思考を膨らませ「人生とはこういうものだ」「人間とはこういうものだ」と、より大きな視点で考慮したり一般化したりする。

これを読み解くには、小説と評論の読み方の双方が必要になる。つまり、体験＋感想の部分は小説と同様に「いつ・どこで・だれが・なにをした」と筆者独特の文体や表現に注目するが、思考の部分は評論と同様に、比較・一般化・抽象化などを論理的に追いかける。ただし、評論のような証明はそれほど必要ではなく、思考の内容がユニークかつ興味深いことの方が重視される。

随筆の構成

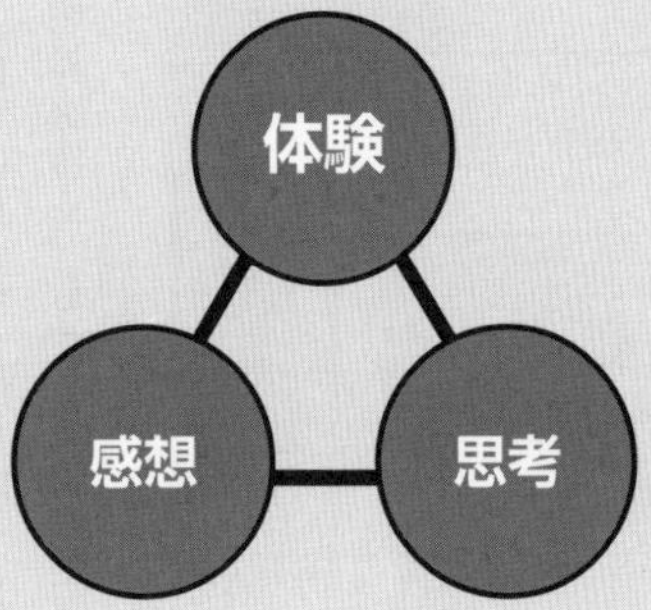

評論ができると国語はできる

中学生にとってはまだ先の話だけど、大学入試で出題されやすいのはなんといっても評論だ。

なぜですか？

大学では論文形式の文章を読むことが多いんだ。例えば「マクロ経済学」なら、「国民経済はどのような仕組みで動くか？」が問題で、「国家と家計と企業の三者の関係である」が解決で、「なぜなら、経済のレベルを決めるのは生産と消費だが、そこに影響を与えるのが国家の財政と家計の消費と企業の生産だからだ」が根拠となる。

……全然わかりません。

いまは経済学の授業じゃないから、内容より、「マクロ経済学」が評論と同じように問題＋解決＋根拠の構造をしていることがわかればいいよ。ただ、大学の授業を理解するには、この構造がたどれないといけない。だから、大学側としては、評論の問題を解く能力があるかどうかで、どれくらい授業についてこられるかを判断しているんだ。これが、こぞって評論を出題しようとする理由だね。

評論を読む力が、大学で学ぶ勉強の基礎になっているってことですね。

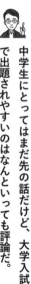

評論を読んでみよう！

次の文は2022年度大学入学共通テスト第1問（檜垣立哉『食べることの哲学』より）の問題文の引用だ。宮沢賢治の「よだかの星」を参照して「食べる」ことについて考察する評論だが、ここでの「問題」「解決」「根拠」はなんだろう。

【問題文】

「食べる」ことと「生」にまつわる議論は、どうしたところで動物が主題になってしまう。そこでは動物たちが人間の言葉を理解するし、また人間は動物の言葉を理解する（まさに神話的状況である）。そのとき動物も人間も、自然のなかでの生き物として、まったく対等な位相にたってしまうことが重要なのである。動物が人間になるのではない。宮沢の記述からかいまみられるのは、そもそも逆で、人間とはもとより動物である（そうでしかありえない）ということである。そしてそれは考えてみれば、あまりに当然すぎることである。

「よだかの星」は、その意味では、擬人化が過剰になされている作品のようにおもわれる。その感情ははっきりと人間的である。よだかは、みなからいじめられ、何をしても孤立してしまう。いつも自分の醜い容姿を気にかけている。

しかしよだかは、いかに醜くとも……空を飛び移動するなかで、おおきな口をあけ、羽虫をむさぼり喰《く》ってしまう。……なぜ自分のような存在が、劣等感をもちながらも、他の生き物を食べて生きていくのか……。

……（ああ、かぶとむしや、たくさんの羽虫が、毎晩僕に殺される。そしてそのただ一つの僕がこんどは鷹に殺される。……つらい、つらい）

※一部省略

解説

第1段落が筆者のいいたいことの中心だ。問題とされているのは、『食べること』における人間と動物の関係はなにか？で、この問いの解決として「対等である」という意見を主張している。

第2段落以降は、「よだかの星」を例示に根拠を述べている。よだかは「ほかのものにバカにされ、殺される」が「虫を殺して食べる」矛盾した存在だ。これはほかの生きものを殺して生きる人間の姿そのものである。よだかに注目することで、根拠として「自然の一部として、ほかの生きものを食べざるを得ないから」という事実を改めて示しているんだよ。

そういえば、高校では国語が「論理国語」や「国語表現」などに分かれると聞きました。大学入試は評論が中心なら、「論理国語」に力を入れて勉強すればいいのかな？　でも、大学入学共通テストには、小説も出題されているみたい。

それは日本語表現の総合的な運用能力をみたいからじゃないかな。小説では「行間を読む」といって、本文に書かれていない内容も、読者が推察して理解しないといけないことがある。例えば、単なる風景描写に思えるところでも、裏に登場人物の感情が隠れていることが多い。それを読み取らないと、結局全体の意図はわからないんだ。

直接書かれていない、裏に潜んでいる内容を読み取るには、小説の読解力が必要なんですね。

それに、心情とそれを表現する言葉を理解するには、詩歌で養った理解力も役立つよ。一方で、具体的な体験・経験から、抽象的な思考に飛躍するには、随筆で身につけた読解力も有効だ。ときには、評論のなかにも、随筆によく使われる筆者独特の言い回しや文体が出てくることがある。その意味でいうと、「論理国語」や「国語表現」は、はっきり分かれているのではなく、じつは互いに関係しあっているのだよ。

「国語表現」だからあまり入試に出ない、というわけでもないんですね。全部をバランスよく学ぶことが大切なのだとわかりました！

ミステリーハンターQのタイムスリップ歴史塾

藤原道長

前回の紫式部に続いて、今回も平安時代の人物を取り上げるよ。天皇の外戚となることで栄華をきわめた藤原道長について勉強しよう。

勇 NHKの大河ドラマで紫式《むらさきしき》部《ぶ》を主人公とする「光る君へ」をやっているけど、登場人物の藤原《ふじわらの》道長《みちなが》ってどんな人だったの？

MQ 平安時代の中期、藤原氏の全盛期を築いた最大の権力者だね。

静 道長はどうやって全盛期を築いたの？

MQ 道長は966年、摂政・関白・太政大臣の藤原兼家《ふじわらのかねいえ》の5男として生まれたんだけど、父を継いだ兄たちが早くに病没したため、権力の座に登りつめたんだ。

勇 権力闘争のようなものがあったの？

MQ あったよ。長兄の藤原道隆《ふじわらのみちたか》の嫡男《ちゃくなん》の藤原伊周《ふじわらのこれちか》が太政大臣の地位を狙って、道長と争いになったんだけど、長徳《ちょうとく》の変《へん》で道長が失脚させたんだ。

静 長徳の変ってどんな事件？

MQ 伊周が親しくしていた女性と同じ屋敷に住む女性のところを、花山院《かさんいん》（花山《かざん》法皇）が訪ねたことを、伊周が自分の相手に通っていると誤解したことで起きた騒動だよ。伊周の弟、藤原隆家《ふじわらのたかいえ》の従者が花山院に向けて矢を射かけるという事件を起こしてしまったんだ。

勇 勘違いで法皇を攻撃したってこと？ とんでもない事件だね。

MQ このことが道長の耳に入り、隆家、伊周を左遷し、道長は左大臣に登るんだ。

静 そのほかにも、権力を得るためにやったことってあるの？

MQ 長女の彰子《しょうし》を一条《いちじょう》天皇の中宮とし、次女の妍子《けんし》を三条《さんじょう》天皇の中宮とした。そして三条天皇を退位させて、彰子が生んだ後一条《ごいちじょう》天皇を即位させて天皇の外祖父として摂政に就任したんだ。

勇 天皇家との婚姻関係を利用して藤原氏の地位を確かなものにしていったんだね。

MQ さらに3女の威子《いし》を後一条天皇の中宮にし、一家三后と驚かれた。それでも足らず、6女の嬉《き》子《し》も後朱雀《ごすざく》天皇の妃にしている。その後、摂政の地位を息子の藤原《ふじわらの》頼通《よりみち》に譲り、太政大臣となって藤原氏全盛時代を築いたんだ。以後、政治は道長の子孫に独占されていくことになる。

静 道長はどんな政治をしたの？

MQ 具体的な政策は伝わっていない。仏教に帰依していて、法成《ほうじょう》寺《じ》を建立したね。また紫式部を彰子の家庭教師的立場で採用し、宮中に送り込んだ。「この世をば我が世とぞ思ふ望月の欠けたることもなしと思へば」という和歌を残したとされる。道長の日記『御堂《みどう》関白記《かんぱくき》』は貴重な史料で国宝に指定されていて、2013年にはユネスコの記憶遺産にも登録されているんだ。

ミステリーハンターQ（略してMQ）

米テキサス州出身。某有名エジプト学者の弟子。1980年代より気鋭の考古学者として注目されつつあるが本名はだれも知らない。日本の歴史について探る画期的な著書『歴史を掘る』の発刊準備を進めている。

山本 勇

中学3年生。幼稚園のころにテレビの大河ドラマを見て、歴史にはまる。将来は大河ドラマに出たいと思っている。あこがれは織田信長。最近のマイブームは仏像鑑賞。好きな芸能人はみうらじゅん。

春日 静

中学1年生。カバンのなかにはつねに、読みかけの歴史小説が入っている根っからの歴女。あこがれは坂本龍馬。特技は年号の暗記のための語呂合わせを作ること。好きな芸能人は福山雅治。

生徒
先生
身の回りにある、
知っていると
役に立つかもしれない
知識をお届け!!

サクセス印のなるほどコラム

「共通テスト」の昔の呼び名

いまは「共通テスト」っていうんだなあ～。

高校生が受けるやつ？

そう、「大学入学共通テスト」のことだよ。国公立大学を志望する受験生のほとんどが受ける試験だよね。

そうなんだ～。だから共通テストっていうの？

少し前までは名前が違ったんだ。

なんて名前だったの？

「大学入試センター試験」だよ。

「センター試験」ね！　聞いたことある！

ぼくは、その時代だからなあ～。

じゃあ、ぼくたちが大学受験のときに受けるのは共通テストってやつだ。

名前が変わらなければね（笑）。

そんなにコロコロ名前が変わるの？

調べてみたら、1979年～1989年は「共通第1次学力試験」という名称で、「共通1次」と呼ばれていたらしい。

じゃあ、1979年より昔は？　また名前が違うの？

それ以前は入試方法が少し違っていたんだ。大学を2つのグループに分けて、入試日程をずらして一斉に実施する、一期校・二期校制だったんだよね。

なんか難しいなあ～。簡単にいうと？

大学ごとに問題が違う試験だった。

じゃあ、共通の試験じゃなかったんだ！

出題される問題は大学によって違うけど、実施する日程は決まっていて、それが一期校と二期校で2回に分かれていた。つまり、国立大学を原則最大2校まで受験することができる形式だったんだ。

へえ～。それがいまは試験が1回だけになったし、全国で同じ問題を解くことになったんだね。

さすがキミ！　理解が早い！

先生の説明が回りくどいだけだと思う。

ごめん、ごめん。

それにしても、入試って本番ですごく緊張しそうだし、勉強した実力をちゃんと出せるか不安だな～。試験をしないで高校も大学も入学させてくれればいいのになあ～。

推薦入試など、学力試験を実施しない入学者選抜を行う学校もあるよ。それでも、受験生がどの程度の知識や学力・能力を持っているかどうかは様々な方法で確認されると思う。

そうだよね……。

それに、もし入試がなくなったら、おそらくだけど、ほとんどの受験生が勉強をしなくなるんじゃないかと思うんだよね。

まったく勉強しないのはよくない気がするけど、難しい勉強をしないと高校や大学に行けない入試制度はなんか納得できないんだよ。

いやいや、高校や大学には勉強をするために行くんだよね？

そうだった！

共通テストの名称や制度が変化したように、高校受験や大学受験はこれからも変わるかもしれない。それでも、学ぶために学校へ行くことは変わらないよね。先生もサポートするから、いっしょに勉強を頑張ろう！

うん！

中学生でもわかる

高校数学のススメ

高校数学では、早く答えを出すことよりもきちんと答えを出すこと、
つまり答えそのものだけでなく、答えを導くまでの過程も重視します。
なぜなら、それが記号論理学である数学の本質だからです。
さあ、高校数学の世界をひと足先に体験してみましょう！

written by
『サクセス15』編集部数学研究会

Lecture! 和算編その1

例題　鶴と亀の頭の数が合わせて100、足の数が合わせて272であるとき、鶴と亀はそれぞれ何匹いますか？

高校1年生の高校数学には、数学Ⅰと数学Aがあります。その数学Aのなかに、“数学と人間の活動”という章があります。簡単にいえば、「身近な数学の話題」です。これを高校の数学の授業で学びます。今回はそのなかから“和算”を取り上げてみたいと思います。
さて、和算というのは、鎖国をしていた江戸時代、西洋の影響を受けずに独自に発達した算数・数学で、庶民から武士までの大勢の人に広まりました。また、数学の問題や答えを額にした「算額」と呼ばれるものを、絵馬と同じように寺社に奉納する習慣があり、いまでもその一部を寺社で見ることができます。
その和算で有名問題といえば……例題の鶴亀算です。
きっと、中学生のみなさんなら、容易に解ける問題かと思われます。色々な考え方がありますが、ここは、現代風に連立方程式にしてみます。
（解答例）
鶴がx羽、亀がy匹いるとすると
頭の数について、$x+y=100$・・・①
足の数について、$2x+4y=272$・・・②
これを解きます。
②÷2：$x+2y=136$
①−②：$y=36$より$x=64$
したがって、鶴が64羽、亀が36匹になります。
※鶴亀算は中国の数学の書に書かれたのが最初という説もありますから、和算といえないという解釈もあります。

今回学習してほしいこと

江戸時代の算数・数学を現代風に方程式などを使った解き方で解いてみる。
同じ問題を江戸時代の人も解いていたことを知ろう。

さあ、早速練習です！　3つのレベルの類題を出題していますので、チャレンジしてみてください。今回は中級からスタートします。

練習問題

中級

６里の道のりを４人で旅するとき、馬３頭に平等に交代で乗るとしたら１人あたり何里ずつ乗ればよいでしょうか。
※１里は約４kmです。

上級

橋の下で盗人が盗んだ絹の反物を分けあっている声がする。「７反ずつとれば８反余り」「８反ずつとれば７反足らず」　さて、盗人は何人いるでしょうか。また、反物は何反ありますか。

初級

100円玉と500円玉が合わせて10枚、合計3400円であるとき、それぞれ何枚ずつありますか。

解答・解説は次のページへ！

解答・解説

中級

これを和算では“馬乗り算”といいます。
A、B、C、Dの4人が6里の旅をするとします。
すると馬は3頭しかいないため、3人が馬に乗り、1人は歩くことになります。

途中で交代しながら4人とも同じ距離だけ馬に乗ると考えると、1人が馬に乗れる距離はどれだけになるか？　という問題です。


そこで、まず、馬に乗れる距離の合計を考えると、3頭の馬で6里の距離なので、3×6＝18里。

この距離18里を4人で平等に分けると、18÷4＝4.5。

つまり**1人あたり4.5里ずつ**馬に乗ればいいことになります。

（ちなみに6里も4.5里も、1.5里の倍数ですから、1.5里進むごとに交代すればいいのです）


（参考）この馬乗り算の考え方は現代にも応用できます。

たとえば「スケジューリング」。

「あるスーパーでA、B、Cの3人のアルバイトが働いています。毎日2人が出勤しなければならず、かつ3人の出勤日数が同じになるためには、1カ月に1人何日ずつ出勤すればよいでしょうか？（1カ月30日とし、定休日はないものとする）」。

先ほどの問題と同じ様に、出勤日の総数は、毎日2人が出勤するので、2×30＝60日。これを3人で等分すると、60÷3＝20。

1人あたり20日と求まるのと同じ考え方です。

答え　**1人あたり4.5里ずつ**

上級

これを和算では“盗人《ぬすびと》算”といいます。

これも連立方程式で解決できます。

まず、盗人がx人、反物はy反あるとすると、

７反ずつとれば８反余るので　$y=7x+8$・・・①

８反ずつとれば７反足らないので　$y=8x-7$・・・②

①②を連立して　$7x+8=8x-7$

これを解いて$x=15$

①または②に代入して$y=113$

つまり、**盗人は15人、反物は113反**となります。

答え	盗人は15人、反物は113反

初級

これも鶴亀算と同じ系統なので、連立方程式を立てます。

100円玉x枚、500円玉y枚であるとすると、

合計枚数について　$x+y=10$・・・①

合計金額について　$100x+500y=3400$・・・②

②は　$x+5y=34$・・・③

①②を連立して$(x, y)=(4, 6)$

よって、**100円玉４枚、500円玉６枚**となります。

答え	100円玉４枚、500円玉６枚

今月号の問題

マスターワード

？に入る文字を推理するパズルです。☆は？に入る文字が使われていますが、入る位置が違うことを表しています。☆１個は１文字です。★は入る位置も正しく使われています。また、単語は、BOOKやEVERYのように、同じ文字が含まれていることはありません。

【例】次の？？？に当てはまる3文字の英単語を答えなさい。

？？？

①	CAT	☆☆
②	EAT	☆☆
③	SEA	☆☆
④	USE	★

【解き方】

③と④を比べると、Aが使われていて、Uは使われていないことがわかり、さらに②、③から、Aは1文字目です。

次に、④でSが使われているとすると、Eは使われていないことになり、②からTが使われていることになります。ところが、④からSは2文字目の位置になりますから、Tの位置が①、②と矛盾します。

よって、④ではEは使われていることになり、②からTが使われていないことになります。こうして推理を進めていくと？？？は“ACE”ということがわかります。

それでは、この要領で次の問題を考えてみてください。

【問題】次の？？？？？に当てはまる5文字の英単語はなんでしょうか？

？？？？？

①	DRIVE	★★☆
②	OCEAN	☆☆☆
③	POINT	★★
④	SHOCK	★☆
⑤	RADIO	☆☆

ヒント ①、②を比べると、5文字の単語であることから、使われているアルファベットの種類が絞られます。

応募方法

下のQRコードまたは104ページからご応募ください。

◎正解者のなかから抽選で右の**「地産廃材で作ったペン」**をプレゼントいたします。

◎当選者の発表は本誌2024年８月号誌上の予定です。

◎応募締切日 2024年４月15日

今月のプレゼント！

地産廃材で作ったボールペン

5名さまに

紙くずや卵の殻、焙煎後のコーヒー粕《かす》など、日本各地で出た「廃材」を主原料として活用し、生まれ変わらせたのが「地産廃材で作ったペン」（第一精工舎）です。クリップ部分には原料になった廃材が記されており、資源の循環を身近に感じられるのもポイント。今回はボールペンのみのプレゼントですが、ペンスタンドとセットのものも販売しています。原料をモチーフにしたユニークなデザインです。

12月号の答えと解説

解答　ウ　10個

12月号の問題

透明なプラスチックでできた立方体の箱が27個あり、そのうちの何個かの箱のなかにはボールが入っています。これら27個の立方体を縦・横３列、高さ３段に積み、大きな立方体を作りました。この大きな立方体を３方向から見たら、下の図のように見えました。

（正面から見た図）　（上から見た図）　（右側面から見た図）

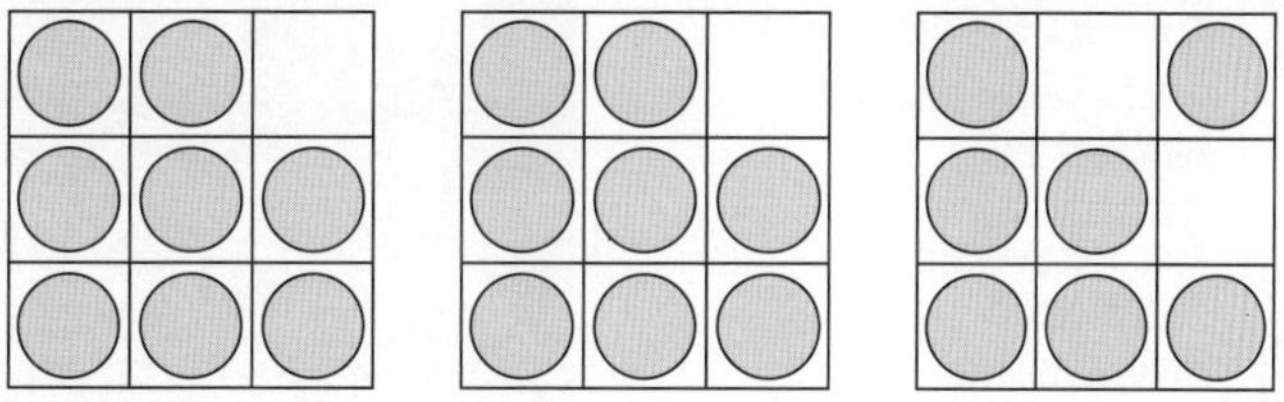

このとき大きな立方体に入っているボールの個数として考えられる最大の個数と最小の個数との差は、次のア～エのうちのどれでしょうか？

ア　6個　　イ　8個　　ウ　10個　　エ　12個

解説

投影図の問題です。図１のように、大きな立方体を底面に平行な３段に分けて考えます。

①（正面から見た図）は右上の１マスが空白なので、図１の下から３段目の右１列にはボールが入っていないことになります。これを×印で表します。

②（上から見た図）も、右上の１マスが空白なので、図１の下から１段目、２段目、３段目とも右上の１マスに×印がつきます。

③（右側面から見た図）では、１番上の中央１マスと真ん中の段の右端１マスが空白ですから、図１では、下から３段目の真ん中の１列と、下から２段目の一番上の１列に×印がつきます。

①～③より、確実にボールが入っていないのは×印をつけた計９カ所とわかります。よって、最大のボールの個数は、27－9＝18個（右図の㋐～㋡）です。

では、最小のボールの個数はいくつでしょうか。図１の㋐～㋡のなかで、取り除いても問題と同じ投影図になる場所を探しましょう。ただし、（正面から見た図）や（上から見た図）では、どちらも８個のボールが見えているので、ボールは最低でも８個は必要になります。

そこで、８個のボールで問題の投影図のように見せられるかを調べてみると、一例として図２のように色をつけていない場所に配置すれば、可能だということがわかります。

したがって、最大の個数と最小の個数の差は18－8＝10個ということになります。

図１

下から３段目

㋐	㋑	×
×	×	×
㋒	㋓	×

下から２段目（←右方向）

×	×	×
㋔	㋕	㋖
㋗	㋘	㋙

下から１段目

㋚	㋛	×
㋜	㋝	㋞
㋟	㋠	㋡

↑
正面方向

図２

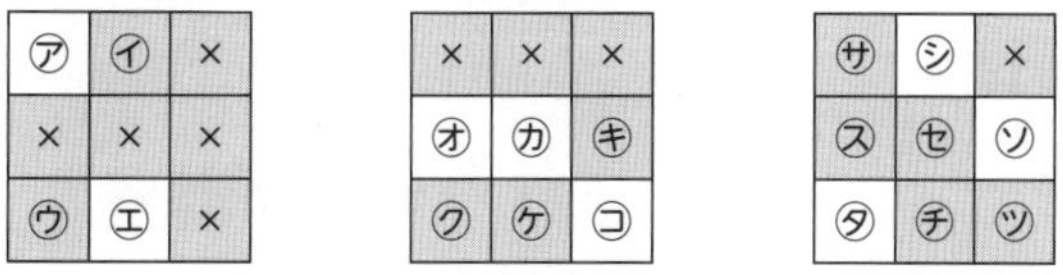

下から３段目　下から２段目　下から１段目

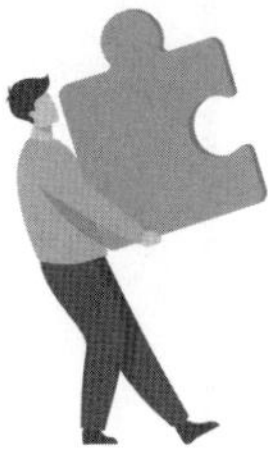

12月号パズル当選者（全応募者14名）

海野　蒼偉さん（神奈川県・小６）　小林　聡太さん（東京都・中３）　鈴木　優芽さん（千葉県・中３）

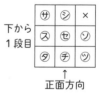

夢が広がる高校選びの情報満載！

Success15

バックナンバー好評発売中！

2024年 2月号

踏み出す第1歩
高校に進んだら君はなにする？

Special School Selection
開成高等学校

研究室にズームイン
海底下にいる微生物の
不思議を探る

高校WATCHING
法政大学国際高等学校
東京都立立川高等学校

2023年 12月号

知っておきたいこれからの授業
AIで変わりゆく学校教育

これ不思議！
なぜなに科学実験室

Special School Selection
早稲田実業学校高等部

公立高校WATCHING
神奈川県立柏陽高等学校

2023年 10月号

第1志望校キミは決まった？

Special School Selection
東京都立西高等学校

研究室にズームイン
東京工業大学
田中博人准教授

私立高校WATCHING
桐光学園高等学校

2023年 8月号

学校説明会 ここがポイント

Special School Selection
東京都立日比谷高等学校

研究室にズームイン
京都大学フィールド科学
教育研究センター
市川光太郎准教授

私立高校WATCHING
明治大学付属明治高等学校

2023年 6月号

高校受験まであと270日
「やるべきこと」はなにか？
宮大工の技術が光る
日本の伝統「社寺建築」とは？

Special School Selection
早稲田大学本庄高等学院

高校WATCHING
法政大学高等学校
東京都立小山台高等学校

2023年 4月号

高校に進んだら
文系、理系 あなたはどうする？
地図を旅しよう

Special School Selection
東京都立戸山高等学校

高校WATCHING
淑徳与野高等学校
神奈川県立湘南高等学校

2023年 2月号

さあ来い！入試 ポジティブ大作戦

Special School Selection
早稲田大学高等学院

研究室にズームイン
鳥取大学乾燥地研究センター
山中典和教授

高校WATCHING
中央大学高等学校
埼玉県立浦和第一女子高等学校

2022年 12月号

英語スピーキングテスト

Special School Selection
渋谷教育学園幕張高等学校

研究室にズームイン
東京大学先端科学技術研究センター
西成活裕教授

公立高校WATCHING
東京都立青山高等学校

2022年 10月号

模擬試験を活用して
合格への道を切りひらく

進化し続ける交通系ICカード

Special School Selection
東京学芸大学附属高等学校

公立高校WATCHING
東京都立八王子東高等学校

2023年 夏・増刊号

中学生だって知ってほしい「大学改革」
日本の大学が変わる！

不思議を目撃！
なぜなに科学実験室

私立高校WATCHING
拓殖大学第一高等学校

公立高校WATCHING
埼玉県立大宮高等学校

2023年 秋・増刊号

女子のための大学講座
女子大学を知る

アッと驚く！
なぜなに科学実験室

Focus on 国立・公立・私立
魅力あふれる3校
東京工業大学附属科学技術高等学校
千葉県立東葛飾高等学校
国学院高等学校

これより以前のバックナンバーはホームページでご覧いただけます（https://www.g-ap.com/）

バックナンバーはAmazonもしくは富士山マガジンサービスにてお求めください。

夢が広がる高校選びの情報満載！
Success15
4月号

表紙：慶應義塾高等学校

FROM EDITORS 編集室から

前号から始まった「13歳からはじめる読解レッスン 長文だってこわくない！」。今号では、入試で扱われる「小説」「詩歌」「評論」「随筆」の特徴を紹介し、例題には「評論」を取り上げています。

私自身、初めて「評論」に触れたときは、抽象的な内容と、慣れない「〜である」の文体にとまどい、読み解くのに苦労したのを覚えています。みなさんはどうでしたか？　少し難しいと感じた方もいるかもしれませんが、焦ることはありません。国語はゆっくりじっくり、たまには時間をおいても、理解しようとする気持ちが大切です。同コーナーが、みなさんにとって自分なりの「国語への向きあい方」を考える一助になれば幸いです。（K）

Next Issue　6月号

Special
悩み解決！ 高校の選び方

研究室にズームイン

Special School Selection

私立高校WATCHING

公立高校WATCHING

突撃スクールレポート

ワクワクドキドキ 熱中部活動

※特集内容および掲載予定は変更されることがあります。

Information

『サクセス15』は全国の書店にてお買い求めいただけますが、万が一、書店店頭に見当たらない場合は、書店にてご注文いただくか、弊社販売部、もしくはホームページ（104ページ下記参照）よりご注文ください。送料弊社負担にてお送りします。定期購読をご希望いただく場合も、上記と同様の方法でご連絡ください。

Opinion, Impression & ETC

本誌をお読みになられてのご感想・ご意見・ご提言などがありましたら、104ページ下記のあて先より、ぜひ当編集室までお声をお寄せください。また、「こんな記事が読みたい」というご要望や、「こういうときはどうしたらいいの」といったご質問などもお待ちしております。今後の参考にさせていただきますので、よろしくお願いいたします。

サクセス編集室 お問い合わせ先
TEL : 03-5939-7928　FAX : 03-3253-5945

今後の発行予定

5月16日 6月号	10月15日 秋・増刊号
7月16日 8月号	11月15日 12月号
9月15日 10月号	2025年1月15日 2025年2月号

FAX送信用紙

※封書での郵送時にもコピーしてご使用ください。

100ページ「マスターワード」の答え

氏名

学年

住所（〒　　　－　　　　）

電話番号

（　　　　　）

現在、塾に

通っている　・　通っていない

通っている場合

塾名

（校舎名　　　　　）

面白かった記事には○を、つまらなかった記事には×をそれぞれ３つずつ（　）内にご記入ください。

（　）04 Special School Selection 慶應義塾高等学校
（　）11 新たな技術で変化する 農業の未来を考える
（　）18 私立高校WATCHING 立教新座高等学校
（　）22 公立高校WATCHING 東京都立新宿高等学校
（　）26 ワクワクドキドキ　熱中部活動 二松学舎大学附属高等学校 書道部
（　）30 突撃スクールレポート 共立女子第二高等学校
（　）32 さあ始まった！　受験この１年
（　）36 受験生のための明日へのトビラ
（　）38 スクペディア 上野学園高等学校
（　）39 スクペディア 日本大学第三高等学校
（　）40 知って得するお役立ち アドバイス！
（　）42 レッツトライ！　入試問題
（　）54 帰国生が活躍する学校 茗溪学園高等学校
（　）56 中学生の未来のために！ 大学入試ここがポイント
（　）58 東大入試突破への現代文の習慣
（　）62 東京大学ってどんな大学？
（　）64 みんな、読まないと！ 東大生まなのあれこれ
（　）66 キャンパスデイズ十人十色
（　）70 Success Book Review
（　）71 耳よりツブより情報とどきたて
（　）72 マナビー先生の最先端科学ナビ
（　）79 for中学生 らくらくプログラミング
（　）80 なぜなに科学実験室
（　）84 中学生のための経済学
（　）86 中学生の味方になる子育て 楽しむ 伸びる 育つ
（　）87 ピックアップニュース！
（　）88 思わずだれかに話したくなる 名字の豆知識
（　）90 13歳からはじめる読解レッスン
（　）94 ミステリーハンターQの タイムスリップ歴史塾
（　）95 サクセス印のなるほどコラム
（　）96 中学生でもわかる 高校数学のススメ
（　）100 解いてすっきり パズルでひといき

FAX.03-3253-5945

FAX番号をお間違えのないようお確かめください

サクセス15の感想

高校受験ガイドブック2024 4　Success15

発　行：2024年３月15日　初版第一刷発行
発行所：株式会社グローバル教育出版　〒101-0047 東京都千代田区内神田2-4-2 一広グローバルビル3F
ＴＥＬ：03-3253-5944
ＦＡＸ：03-3253-5945
Ｈ　Ｐ：https://success.waseda-ac.net/
e-mail：success15@g-ap.com

郵便振替口座番号：00130-3-779535
編　　集：サクセス編集室
編集協力：株式会社 早稲田アカデミー

【個人情報利用目的】ご記入いただいた個人情報は、プレゼントの発送およびアンケート調査の結果集計に利用させていただきます。